역사를 읽으면 통찰력을 얻는다
중국역사를 읽으면 중국으로 가는 길이 보인다

21일간의 이야기만화 역사기행

만리 중국사

COMIC VERSION OF CHINESE HISTORY 6, 7

Copyright ⓒ 中国美术出版社总社连环画出版社; 编绘: 孙家裕; 主笔: 欧昱荣
Korean translation copyright ⓒ 2013 by Korean Studies Information Co., Ltd.
Korean translation rights of 《COMIC VERSION OF CHINESE HISTORY》
arranged with LIANHUANHUA PUBLISHER directly.

21일간의 이야기만화 역사기행

만리 중국사

03권 춘추전국 2

초판발행 2014년 1월 15일
초판 2쇄 2019년 1월 11일

글·그림 쑨자위
글 어우양룽
옮긴이 류방승
펴낸이 채종준
기획 권성용
편집 정지윤, 백혜림
디자인 박능원, 이효은
마케팅 송대호, 정경철, 이행은

펴낸곳 한국학술정보(주)
주소 경기도 파주시 회동길 230 (문발동 513-5)
전화 031) 908-3181(대표)
팩스 031) 908-3189
홈페이지 http://ebook.kstudy.com
전자우편 출판사업부 publish@kstudy.com
등록 제일산-115호(2000. 6. 19)

ISBN 978-89-268-5419-8 14910
      978-89-268-5416-7 14910(set)

03권 춘추전국 2

대변혁의 시대, 새 판을 짜다

쑨자위 글 · 그림
어우위룽 글

만리 중국사

21일간의 이야기만화 역사기행

이담
Books

중국은 세계 4대 문명 발상지 가운데 하나다. 중화 문명은 아득히 먼 옛날부터 수천 년 동안 전해져 내려오며 상고上古, 하夏, 상商, 주周, 춘추春秋, 전국戰國, 진秦, 서한西漢, 동한東漢, 삼국三國, 서진西晉, 동진東晉, 남북조南北朝, 수隋, 당唐, 오대십국五代十國, 송宋, 요遼, 서하西夏, 금金, 원元, 명明, 청淸 등의 역사 시대를 거쳤다.

중화 문명은 세계에서 가장 오래된 문명이자 가장 오래 지속된 문명이기도 하다. 중화 문명과 어깨를 나란히 한 문명으로는 고대 바빌론 문명, 고대 그리스 문명, 고대 이집트 문명 등이 있다. 어떤 문명은 중국보다 먼저 발생하고, 또 범위도 훨씬 넓었지만 이들은 이민족의 침입 혹은 스스로의 부패로 인해 멸망하여 결국 기나긴 역사 속에서 연기처럼 사라져 버렸다. 중국만이 세계에서 유일하게 문명 대국을 자랑하며 유구한 역사를 이어 오고 있다.

수천 년 동안 중화 민족은 무엇에도 굴하지 않는 강인한 의지와 과감한 탐구 정신, 총명한 지혜로 웅장한 역사의 장을 엶과 동시에 눈부시게 찬란한 물질문명과 정신문명을 창조했다.

이 책의 편집 제작은 정사正史를 바탕으로 진실하고 객관적인 사실을 전달하는 데 주력했다. 또한 역사를 만화 형식으로 풀어 씀으로써 독자들이 아름답고 다채로우며 생동감 넘치는 장면을 느끼리라 기대한다. 독자 여러분들이 쉽고 재미있게 읽는 가운데 역사를 직접 느끼고 역사에 융화되어 깨닫는 바가 있기를 바란다.

지롄하이紀連海
중국 CCTV '백가강단百家講壇' 강사

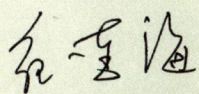

들어가며

대변혁의 시대, 새판을 짜다

주나라가 견융의 침입을 받아 낙읍으로 천도한 기원전 770년에서 기원전 403년까지의 시기를 춘추시대, 한韓·조趙·위魏가 진晉을 삼분한 기원전 403년부터 진秦이 중국을 통일한 기원전 221년까지를 전국시대라고 칭한다. 춘추전국시대는 중국 역사상 분열과 대결이 가장 치열하고 오래 지속된 시기이다.

춘추시대 주나라 세력의 약화로 제齊 환공桓公, 송宋 양공襄公, 진晉 문공文公, 진秦 목공穆公, 초楚 장왕莊王이 차례로 패권을 차지했다. 이를 가리켜 '춘추오패春秋五覇'라고 부른다 (일설에는 송 양공과 진 목공 대신 오왕吳王 합려闔閭와 월왕越王 구천勾踐을 넣는다).

춘추시대 초기에 약 140개에 달하던 제후국은 360년간의 전쟁을 거치면서 전국시대 초기에 겨우 20여 개밖에 남지 않았다. 그중 세력이 막강했었던 진秦·제齊·조趙·위魏·한韓·초楚·연燕의 7개 나라를 '전국칠웅戰國七雄'이라고 칭한다.

춘추전국시대는 중국 역사의 대변혁 시기였다. 먼저 사회 생산력이 눈부시게 발전했다. 철기와 소갈이가 널리 보급되고, 천문학·의학·물리학 등 자연과학이 크게 발전하여 일부 과학기술 성과는 당시 최고 수준에 도달했다. 또한 예악禮樂이 붕괴되면서 주나라 통치 질서가 와해되고 제후들이 패권을 다투느라 전쟁이 끊임없이 벌어졌다.

이런 분열 시기에 현실적인 개혁 요구에 부응하는 다양한 사상적 경향으로 등장한 제자백가諸子百家는 중국 문화와 사상의 골격을 형성했다. 제자백가는 인간 중심적인 사상을 지향하면서 현실 정치의 문제에 관심을 기울였고, 지식의 적극적인 공개와 교육을 통해 학파를 형성했으며, 평화주의적인 입장을 강조하기도 했다. 주요 학파로는 유가, 묵가, 도가, 법가가 있었다. 이로 인해 사상과 문화가 전에 없이 번영한 춘추전국시대는 중국 사상사의 황금기를 이룩했다.

각국의 치열한 전투와 경쟁 속에서 상앙은 변법을 시행해 진나라의 부국강병을 신속하게 이루었다. 이를 계기로 후발주자인 진나라는 우위를 선점하고 잇달아 다른 제후국을 병탄하여 영정(진시황)이 마침내 통일 대업을 완수했다.

상고 上古		B.C. 약 800만~2000년
하 夏		B.C. 2070~1600년
상 商		B.C. 1600~1046년
주 周		B.C. 1046~771년
춘추 春秋		B.C. 770~403년
전국 戰國		B.C. 403~221년
진 秦		B.C. 221~206년
한 漢	서한 西漢	B.C. 206~A.D. 25년
	동한 東漢	25~220년
삼국 三國_위·촉·오		220~280년
양진 兩晉	서진 西晉	265~317년
	동진 東晉	317~420년
남북조 南北朝		420~581년
수 隋		581~618년
당 唐		618~907년
오대십국 五代十國		907~960년
송 宋	북송 北宋	960~1127년
	남송 南宋	1127~1279년
요 遼		907~1125년
서하 西夏		1038~1227년
금 金		1115~1234년
원 元		1271~1368년
명 明		1368~1644년
청 淸		1644~1911년

춘추 春秋

- B.C. 613년 초 장왕 즉위
- B.C. 597년 진晉나라와 초나라의 필 전투, 초 장왕이 패업을 달성함.
- B.C. 589년 진晉 나라와 제나라의 안 전투 발발
- B.C. 584년 오나라 흥기
- B.C. 575년 진晉 나라와 초나라의 언릉 전투
- B.C. 554년 자산이 정나라를 개혁함.
- B.C. 551년 노나라에서 공자 탄생
- B.C. 548년 최저가 제나라 장공을 살해함.
- B.C. 529년 초나라에 내란이 일어나 영왕이 죽고, 평왕 즉위
- B.C. 522년 오자서가 오나라로 도망침.
- B.C. 519년 주 왕실에 두 왕이 병립
- B.C. 515년 오나라에 내란 발생, 오왕 요가 죽고 합려 즉위
- B.C. 512년 오자서가 합려에게 손무를 추천
- B.C. 506년 오자서가 합려를 도와 초나라를 격파
- B.C. 497~484년 공자가 열국을 주유함.
- B.C. 496년 오왕 합려가 월왕 구천에게 패하고 죽음, 오왕 부차 즉위
- B.C. 494년 월왕 구천이 오나라에 포로로 잡힘.
- B.C. 484년 오자서가 부차의 명으로 자결
- B.C. 473년 월나라가 오나라를 멸망시킴.

※ 노자『도덕경』집필

※ 손무『손자병법』집필

차례

춘추 上

춘추 下

춘추 上

春秋

上

春秋

인물 소개

초楚 장왕莊王
초나라의 전성기를
이룬 군주로 춘추오패
중 하나이다. 막강한
국력을 바탕으로
중원에서 위세를
크게 떨쳤다.

소종蘇從
초나라의
유능한 신하.
죽음을
무릅쓰고
장왕에게
간언했다.

오거伍擧
초나라의
대부이다.

당교唐狡
초나라의 장수로
초 장왕의 애첩을
희롱했지만 장왕은
그의 죄를 추궁하지
않았다. 훗날 목숨을
걸고 장왕을 구했다.

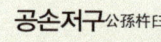

공손저구公孫杵臼
중국 고대의 유명한
충신으로 진晉나라의
공자를 지키기
위해 자신의
목숨을 바쳤다.

정영程嬰

공손저구와 모의하여
자기 아이를 조삭의
아들인 진나라 공자와
바꿔치기했다.
죽은 아들 대신
진나라 공자를 키워
훗날 원수를 갚게 했다.

최저崔杼

제나라의 대부로
정권을 잡았지만
경봉에 의해 일가가
몰살되었다.

경봉慶封

제나라의 대부로
훗날 제나라에서
쫓겨났다.

노자老子

성은 이李, 이름은 이耳이다.
중국 고대의 위대한 철학자
이자 사상가로 저서인 『도덕경
道德經』이 전해 내려온다.
'무위지치無爲之治'를 주장했으며
도교의 창시자로
추앙받고 있다.

안영晏嬰

안자晏子라고도 불리며,
춘추시대 후기의 위대한
정치가이자 사상가,
외교가이다. 근검절약하는
삶을 살며 아랫사람에게도
늘 공손했다. 한편 안자는
키가 아주 작고 얼굴도
매우 못생겼다고 한다.

오자서伍子胥

초나라 사람으로
춘추시대 후기에
오나라 대부를
지낸 군사 전략가이다.

시대별 지도 - 춘추 春秋

연燕

진晉

위衛

제齊

융戎

진秦

노魯

주周 낙읍洛邑 ⊙

송宋

촉蜀

정鄭

오吳

초楚

월越

단번에 세상을 놀라게 한 초 장왕

기원전 613년, 초 성왕의 손자 초 장왕이 즉위했다. 진쯤나라는 초나라가 어수선한 틈을 타 성 몇 개를 빼앗았다.

진나라가 우리 성을 빼앗고 맹약을 강요한 것은 초나라를 안중에 두지 않은 행동입니다!

아함~ 또 다른 일은 없소?

마땅히 군대를 동원해 진나라를 토벌해야 합니다!!

……

15

겨우 성 몇 개 가지고 분란 일으킬 필요는 없지 않소?

대왕……

별일 없으면 물러가시오. 오늘 사냥을 나가야 하오.

이를 어째

아니, 저……

대왕이 어찌 이럴 수가……

초나라의 불행이 시작됐어.

오늘은 코가 삐뚤어지게 마셔보자. 하하!

'오늘도' 겠지……

대왕께서 매일 술에 빠져 있다 보니 대신들이 불만이 많습니다.

그들이 뭐라 하던가?

16

대왕께서 우매하고 무능하여 나라가 위태롭다며 함께 간언한답니다.

사…살려 주십쇼. 전 들은 대로 말씀드린 것뿐입니다!

쾅!

하하! 일찌감치 그들의 불만을 알고 나도 미리 준비해 두었다.

봐라!

간언하는 자는 사…사형에 처한다…!

죽음이 두렵지 않은 자는 얼마든지 간언 하라고 해라.

초 장왕은 즉위 후 3년간 나랏일을 돌보지 않고 두반, 두초 등 약 오씨에게 정무를 모두 맡기고, 자신은 운몽택에 사냥을 가거나 후궁들과 술을 맘껏 마시며 노는 데 열중했다.

오거, 대왕이 나랏일을 돌보지 않는 데다 간언까지 막고 있네.

소종, 초나라의 패업에 희망이 있다고 보는가?

이런 어리석은 대왕에게 패업은 무슨!

그럼 내가 대왕을 직접 만나 보겠네!

미쳤어? 간언하는 자는 사형에 처한다고 했잖아.

대왕의 타락을 더 이상 지켜볼 수만은 없네.

오거……

걱정 말게. 대왕이 날 죽이지 못하게 할 묘책이 있으니.

부디 살아서 오게!

가락이 정말 아름답구나!

우맹, 상으로 따뜻한 술 한 잔 받게!

감사합니다. 이 술이 차가워진 제 맘을 따뜻하게 해 줍니다.

간언하는 대신도 없는데 무슨 걱정이냐?

노래나 한 곡 더 뽑아 봐라.

오거가 뵙기를 청합니다.

뭣이라? 죽으려고 환장했구나!

그래, 술 마시러 온 거요 아님 가무를 즐기러 온 거요?

둘 다 아닙니다. 제가 온 것은……

풀지 못한 수수께끼가 있어서 대왕께 여쭤 보려 합니다.

무슨 수수께끼인데 풀지 못했소?

수수께끼 머리 아퍼;;

초나라에 큰 새가 있는데 3년 동안 한 번도 날지도 않고 울지도 않았습니다.

이게 대체 무슨 새일까요?

글쎄……

알았소. 그건 분명 보통 새가 아니오.

3년 동안 날지 않았으나 한 번 날면 하늘을 뚫고, 3년 동안 울지 않았으나 한 번 울면 세상을 깜짝 놀라게 할 것이오!

오호~

대왕이 정말 한 번 날면 하늘을 뚫고 한 번 울면 세상을 깜짝 놀라게 한다고 했단 말이오?

그렇다니까. 대왕 입으로 직접 말한 거요!

하지만 몇 개월째 대왕은 전혀 변한 게 없잖소!

대왕이 무슨 생각인지 알 길이 없으니 원……

이번엔 내가 목숨을 내놓고 간해야겠어!

소종이 궁으로 달려오고 있습니다!

이번엔 소종인가?

대왕, 엉엉 ……

소종, 왜 이렇게 슬피 우시오?

제가 곧 죽고 초나라 또한 망할 것 같아 맘이 아픕니다.

그게 대체 무슨 뚱딴지 같은 말이오?

제가 명을 어기고 간언을 했으니 분명 절 죽이실 것 아닙니까?

또 대왕이 나라를 돌보지 않으니 초나라의 멸망도 머지 않았습니다!

간언하는 자는 죽이겠다고 이미 경고했거늘 고의로 죄를 범하다니 정말 어리석구나!

네, 맞습니다. 하지만 절 죽이시면 저는 충신으로 길이 이름이 남습니다!

허나 이렇게 가다간 초나라는 반드시 망할 텐데, 망국의 군주가 되는 대왕이야말로 저보다 어리석은 것 아닙니까!

22

그대와 오거가 국가를 위하는 마음을 내 어찌 모르겠소?

눈물 뚝!

몇 년간 나랏일을 멀리한 건 사실 충신과 간신을 구별해 내기 위해서였소!

이제 음주가무 용품을 모두 불태워 없애고

오거, 자네 말이 맞았네!

내일부터 내 직접 국정을 다스리겠소!

이때부터 초 장왕은 새사람이 되어 국정에 매진하고 목숨을 걸고 간언한 오거와 소종을 발탁했다. 또 군사를 조련하여 송나라를 격파하고 북쪽으로 육혼의 융족을 정벌하여 낙읍 부근까지 곧장 쳐들어갔다.

우르르르

바로 앞이
낙읍입니다.

히야~

주나라 천자는
'정*'이 아홉 개가
맞소?

네, 우임금 때
주조된 구정을
얻는 자가 천하를
차지한다고
합니다.

흥미롭군.
정이 얼마나
크고 무거운지
천자에게 확실히
물어봐야겠어.

낙읍

초왕이 저 먼 데서
과인에게 정의
무게를 물으러
온 것은 설마……

아…
아니겠지?

슬픈 예감은
틀리는 법이
없지.

* 정鼎
우임금이 구주九州의 금속을 모아 만든 아홉 개의 솥. 처음에는 음식을 익히거나 죄인을 삶아 죽이는 데 쓰다가 훗날 왕위를 전승하는
보물로 삼으면서 국가, 왕위 등을 뜻하게 됨.

초왕은 불순하게도 천하의 병권을 탐내고 있을 것입니다.

왕손만, 얼른 가서 초왕의 의도를 알아오시오.

네!

대왕이 물어본 것은 주조된 정의 무게입니까?

침착하자.

헤헤, 비슷하오.

국가의 강성함은 덕행에 의지해야 하므로 덕이 없으면 구정이 있어도 천하를 얻을 수 없습니다.

주나라의 명이 아직 건재하니 정의 무게를 묻지 마십시오.

25

맞는 말이야.
전에 제 환공도 패자를
칭할 때 천자의 이름을
빌렸는데 내가 너무
경솔했어.

하지만 우린
엉뚱한 일을
벌이지 않을
것이오.

사실
초나라의 부러진
창칼만 녹여도
구정을 충분히
주조할 수 있소.

어휴, 십년
감수했군.

초 장왕은 아직 주나라를 멸할 시
기가 아님을 깨닫고 곧 철군했다.
하지만 그는 "한 번 날면 하늘을 뚫
고 한 번 울면 세상을 깜짝 놀라게
한다"는 약속을 지켰다.

초 장왕이
절영지회를 행하다

절영지회折纓之會
남에게 덕을 베풀면 반드시 보답이 따름.

초 장왕이 북쪽을 크게 정벌했지만 국내 정세는 여전히 매우 불안했다. 이 틈을 타 사마 두초가 반란을 일으켜 초 장왕이 돌아오는 길을 끊었는데……

과인이 너를 신임했는데 되려 반란을 일으키다니. 이 배은망덕한 놈!

흥! 쓸데없는 소리 집어치워라. 오늘 너와 나 둘 중 하나는 반드시 죽을 것이다!

* 양유기養由基
  초나라 장군으로 춘추시대 제일의 신궁.

28

흥!
죽어라!

슝-

양유기,
조심해라!

팍!

옳지!

와~

와~

두 대인의 화살을
버리기 아까우니
내가 쓰겠소!

과인이 술을 입에 안 댄 지 6년이나 지났소.

오늘은 그동안 쌓였던 회포를 맘껏 풀도록 합시다!

감사합니다!

좋구나!

웬일이래?

얼마만이야!

밤이 되면 술을 마실 수 없다는 규정은 어쩌시고요.

괜찮다. 모두 목숨을 걸고 싸웠으니 오늘은 예외로 한다.

예!

해마다 전쟁을 치르느라 오랜만에 이런 자리가 마련됐으니 오늘은 허희의 춤을 함께 구경합시다.

좋습 니다!

짤랑

짤랑

와! 너무 아름답구나!

짤랑

짤랑

눈부시도록 예쁜 미인이야!

살랑

살랑

당교, 자네는 이렇게 아름다운 여인을 본 적 있나?

……

아쉽게도
춤이 벌써
끝나다니……

허희야,
장수들에게
술 한 잔씩
따라 드려라!

예, 대왕.

장군님,
받으시지요.

아~
오냐 오냐.

콰르르릉~

34

35

제가 그놈의 투구 끈을 끊었으니 불을 켜면 바로 찾아낼 수 있습니다.

하하!

끝장이다. 난 이제 죽었어.

일단 불을 켜지 마라.

뭐? 모두 갓끈을 끊으면 어찌 범인을……

오늘처럼 기쁜 자리에서는 모두 갓끈을 끊고 연회를 즐깁시다!

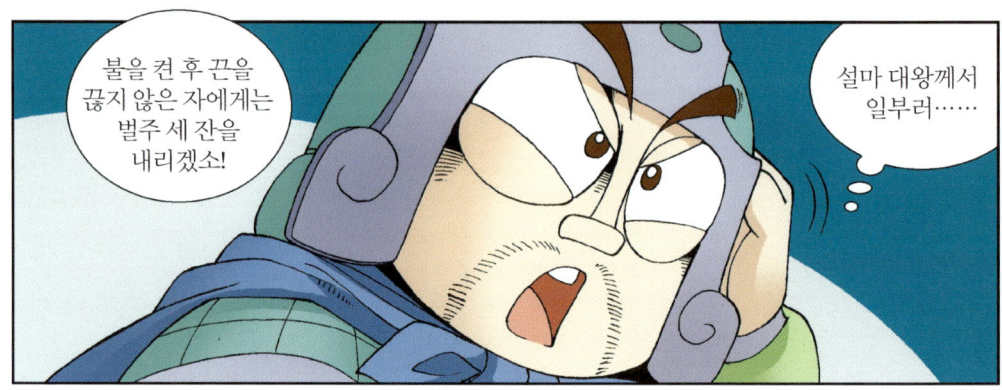

불을 켠 후 끈을 끊지 않은 자에게는 벌주 세 잔을 내리겠소!

설마 대왕께서 일부러……

좋다.
불을 켜라.

대왕의
이 은혜에 반드시
보답하겠어!

찡~

아이고 배야~
번들번들한
투구가 너무
웃기는구먼!

자…자네도
마찬가지네……

허희야,
안색이 왜 이리
어두운 것이냐?

어째서 저를
희롱한 장수를
벌하지 않으신
거죠?

몰라서
물어?

사람이 술을 취하도록 마시다 보면 실수하기 마련이다.

그런데 그런 일로 벌을 내리면 그들 마음이 어떻겠느냐?

과인의 얼굴을 봐서라도 연회의 일은 잊도록 하자.

대왕의 깊은 뜻 헤아리지 못해 부끄럽습니다.

7년 뒤 초나라는 정나라와 전쟁을 벌였다. 그 싸움에서 초 장왕이 위기에 처하자 당교가 목숨을 걸고 장왕을 구했다는 미담이 전해진다.

얍! 우리 대왕은 내가 지킨다!

자네… 이름이 뭔가?

중원의 패자가 된 초 장왕

기원전 597년, 초 장왕은 직접 대군을 이끌고 정나라 도읍인 신정을 포위했다. 진(晉)나라의 순림보가 정나라를 구원하러 군사를 거느리고 황하 가에 다다랐지만 초나라는 이미 신정을 함락했다.

정나라를 구하기는 이미 늦었으니 그만 철군합시다.

사회, 주장인 당신 생각은 어떻소?

잘 훈련된 초나라 군대와 맞서기는 무리니 저도 철군에 찬성합니다.

강적을 만났다고 철수한다면 진나라를 진정한 중원의 패자라 할 수 있습니까?

선곡…

나만 당할 순 없지!

기왕 이렇게 된 거 삼군이 모두 강을 건넙시다!

승리가 장수의 공이라면 패배의 책임도 함께 져야 하지 않습니까?

그럼 할 수 없구먼.

전군은 황하를 건너 필泌 땅에서 선곡과 합류하라!

진나라 군대가 이미 필 땅에 이르러 오와 호 두 산 사이에 주둔했습니다.

말에게 황하 물을 먹이며 초나라의 위용을 보여 주려 했는데 아깝구나.

대왕, 제가 진나라 군대를 물리치겠습니다.

하하, 오삼이 아주 용감하구나.

41

정나라를 정복하려는 목적은 달성했으니 진나라와 굳이 싸울 필요는 없습니다.

손숙오의 말이 옳소. 나도 이미 철군을 맘에 두고 있었소.

하지만 오삼은 적의 내부 정황을 탐지하고 충분히 승산이 있다고 여겼다.

진나라 총사령관 순림보의 권위가 실추돼 장수들이 명을 듣지 않으니 쉽게 이길 수 있습니다.

위풍당당한 일국의 군주가 일개 신하와의 싸움을 피한다면 세상의 웃음거리가 되지 않겠습니까?

음, 그 말도 옳다. 이참에 진나라 군대를 박살내자!

정나라에게 진나라에 싸움을 권하도록 하면 진나라 군대

내부의 갈등이 심화될 것입니다.

정나라야 우리 둘 중에 이기는 쪽으로 붙을 테니 그들이 사람을 보내는 게 가장 좋지.

손숙오, 그대의 생각은 어떻소?

그럼 대왕은 화친을 청하십시오.

정나라는 전쟁을 권하고 우리는 화친을 청하면 진나라 내부의 갈등은 더욱 커질 것입니다.

진나라가 화친을 거부한다면 우리의 출병도 명분이 생깁니다.

계획은 내가 먼저 냈는데, 쳇!

훌륭한 계책이오.

정나라 사신 황술이 찾아왔습니다.

정나라는 초나라에 항복해 놓고 여긴 왜 찾아 온 거요?

초나라 군대가 성 아래까지 육박해 오고 귀국의 구원병도 오지 않아 어쩔 수 없었습니다.

지금 초나라 장수들은 승리에 도취해 거만을 떨고, 사병들은 오랜 전투에 지쳐 있습니다.

진나라가 초나라 공격에 나선다면 정나라가 기꺼이 돕겠습니다.

저들이 협조 한다는데 어떡하면 좋겠소?

정나라는 말을 자주 바꿔 믿기 어렵습니다.

지금이 초나라를 칠 절호의 기횐데 앉아서 기회를 놓칠 생각입니까?

울컥

초나라 사신 채구거가 화친을 청하러 왔습니다.

뭐야? 화친?

얼른 모셔라.

초나라가 자진해서 화친을 청하러 왔으니 이제 그만 전쟁을 끝내도록 합시다.

그래, 그래. 이 반응이어야지.

누구 마음대로. 순 장군이 수락한다 해도 나는 절대 아니다!

얼른 꺼져라!

옴마나!

흥!

이 무슨 무례한 짓이냐!

저 성질머리! 쯧쯧

초 장왕이 재차 화친을 청하자 순림보는 그 말에 혹해서 전투 준비도 하지 않은 채 철군하려는 마음이 간절했다. 그러나 선곡은 철군을 거부하고 일전을 불사하고자 했다.

위기, 뭐가 그리 바쁜가?

초나라 군대의 기습에 대비하고 있었습니다.

초나라와 맹약을 맺으면 곧 돌아갈 텐데, 대비는 무슨?

그럼 저와 조전이 초나라로 가 맹약을 맺고 오겠습니다.

자네가?

좋다. 예를 잘 갖춰서 화친을 확실하게 매듭짓고 오도록 하라.

꼭 사명을 완수하겠습니다.

흥, 초나라를 무찌르면 승진도 하고 부자가 될 수 있는데

화친을 맺어서 순림보만 좋은 일 시켜 줄 순 없지.

위기와 조전이 방금 병영을 나가던데, 어디 가는 겁니까?

초나라에 화친하러 보냈소.

그게 정말 입니까?

지금 웃음이 나오냐?

딴마음을 품은 자들이라 초나라에 우리를 공격할 빌미를 주고 말 겁니다.

그럼 어떡하면 좋소?

당장 사람을 보내 그들을 따라잡고 전군에 전투 채비를 명하십시오.

마차 몇 대만 보내면 되는데 굳이 전투 준비까진 필요 없소.

음, 순 장군이 내 권고를 무시하다니. 곧 큰 재앙이 닥치고 말 거야.

만일의 사태에 대비해 먼저 부대를 이끌고 오산에 매복해 있자.

진나라 장수 위기가 싸움을 청합니다.

진나라가 마침내 미끼를 물었구나. 이제 우리 출병에도 명분이 생겼다.

반당, 네가 위기를 맡아라!

예!

진나라 장수 조전이 진지로 쳐들어옵니다!

그렇단 말이지.

조전은 내가 직접 상대하겠다!

48

펄럭

펄럭

방금 위기를 쫓아냈는데 누가 또 공격해 오는 거지?

큰일이다. 진나라가 총공격에 나선 게 틀림없어. 얼른 가서 이 사실을 알려야겠다!

뭐? 진나라가 총공격을?

조전을 추격 중인 대왕이 위험하다.

전군은 당장 대왕을 구하러 출격하라!

어서 집에 가서 맛있는 술과 고기를. 크크

초나라는 왜 맹약을 맺으러 사신을 안 보내지? 빨리 귀국해야 하는데.

큰일 났습니다! 초나라 군대가 쳐들어옵니다!

뭐! 그게 대체 무슨 말이냐?

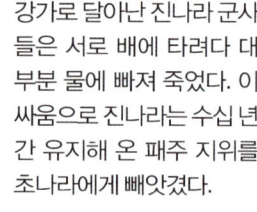

강가로 달아난 진나라 군사들은 서로 배에 타려다 대부분 물에 빠져 죽었다. 이 싸움으로 진나라는 수십 년간 유지해 온 패주 지위를 초나라에게 빼앗겼다.

안 되겠다. 전군은 당장 철수하라!

비극적 복수극 '조씨고아'

진晉나라는 필 전투 패배 후 패권을 잃었을 뿐 아니라 국내 정세도 혼란에 빠졌다. 권력을 장악한 대부 도안고*는 조순에게 임금 시해 죄목을 덮어씌워 죽이고 조씨 일족을 몰살했다.

조씨 집을 포위하라!

조순의 아들 조삭을 찾아내 죽이고 나머지도 절대 살려두지 마라!

장희, 당신은 주공의 동생이니 궁으로 가면 저들도 어쩔 수 없을 것이오.

아니오! 저도 당신과 함께 하겠어요.

배 속에 조씨 집안의 대를 이을 아이가 있잖소?

* 도안고屠岸賈
  진나라의 간신. 라이벌 조씨 일족을 멸하고 권력을 장악했다.

51

아이를 잘 키워서 크면 꼭 복수해 주시오!

흑흑

빨리 수색해라!

앗!

사람들이 몰려오기 전에 얼른 가시오.

부군······

조삭이 여기 있다!

모두 덤벼라!

조씨 일족의 씨를 말렸겠지?

조삭의 부인을 제외하곤 모두 죽였습니다.

장희는 궁으로 간 게 틀림 없다. 주공의 보호를 받고 있어서 함부로 손을 쓸 수도 없고……

정영, 넌 조삭의 후한 은혜를 입고도 지금 구차하게 삶을 연명하려 하느냐? 나쁜 노오옴!!!

아이고, 깜짝이야.

공손저구, 어찌 내가 은혜에 보답할 마음이 없겠는가?

만약 아들을 낳으면 내가 길러 조씨 집안을 위해 복수하고,

딸을 낳으면 그땐 조금 천천히 죽는 것 뿐이라네.

다만 조삭의 처가 임신 중이라 ……

아!

자네의 깊은 뜻을 미처 헤아리지 못해 미안하네.

알지도 못하면서 큰 소리는!

이것이 바로 조삭이 베푼 은혜에 보답하는 길일세.

몇 개월 후

응애 응애~

부인, 아들입니다.

조씨 집안의 피맺힌 원한을 갚아야 할 운명이니 이름을 조무趙武라 짓자.

빨리 문 열어라!

도안고의 목소립니다.

내 아이를 죽이러 온 게 틀림없어.

아이를 내 치마 속에라도 숨겨야겠어.

54

아이가 울기라도 하면 어쩌려고요?

그런 걸 신경 쓸 여유가 없다.

아이야, 넌 조씨 집안의 유일한 희망이다. 하늘이 조씨를 버린다면 울고,

버리지 않는다면 울지 말거라.

콱!

멀쩡한 손을 두고. 쯧쯧

여기가 어디라고 감히 함부로 들어오는 게냐?

흥! 조씨 집안의 씨가 살아 있단 첩보를 들었다.

한궐, 방 안을 샅샅이 뒤져라!

넵!

저…
아이를 못
찾았습니다.

이런
밥통들!

한궐,
문을 지켜라!
아이는 분명
이 안에 있다!

먼저 돌아갈 테니
소식이 있으면
즉각 알려라!

옙!

저들이 조만간
아이를 찾아낼 테니
빨리 정영을 불러
오거라.

그치만 문 밖에
사람이 지키고
있어서……

내가 병이 나서
정영이 치료해야
한다고 일러라.

네, 당장 다녀
올게요.

부인, 아이는 무사한가요?

얼른 아이를 궁 밖으로 데리고 가세요. 지체하면 도안고 손에 죽고 말 거예요.

아이를 약상자에 넣고 빠져나가겠습니다.

저벅

저벅

약상자에 무엇이 들었소?

야…약재 말고 뭐가 들었겠소?

나도 명을 받은 입장이라 한 번 봐야겠소.

여… 여기.

한 장군, 충신인 조씨 집안의 유일한 후손이오. 제발 이번만 눈감아 주시오.

조씨 집안이 간적에게 살해됐으니 잘 키워서 꼭 복수하시오.

고맙소. 내 꼭 그리하리다!

조씨 후손을 가까스로 살린 정영은 공손저구와 대책을 논의했다.

도안고가 절대 포기하지 않을 텐데 좋은 방법 없겠나?

고아를 기르는 것과 죽음 중 어떤 게 더 쉬운가?

그야 당연히 죽는 게 더 쉽지.

조삭이 생전에 자네를 후대했으니 어려운 일은 자네가 맡고 쉬운 일은 내가 하지.

아이 하나를 찾아서 내가 조씨의 후손인 척 데리고 도망가겠네.

자네는 나를 고발해서 도안고가 나와 가짜 고아를 죽이도록 하게.

그거 정말 기발한 생각일세!

물론이지.

아차!

다만 누가 자기 아이를 기꺼이 버리겠느냐는 거지.

그럼 강보에 싸인 내 아이를 데리고 가게.

뭐…뭐?

시간이 촉박하니 서두르자고!

정영……

도안고 저택

제게 1천 금만 주시면 조씨 후손의 행방을 알려드리겠습니다.

오~ 그래. 얼른 말해 보아라!

수양산

공손저구와 아이가 저 초가에 숨어 있습니다.

60

이런 깊은 산중에 숨어 있다고 못 찾을 줄 알았느냐? 얼른 수색하라!

장군, 찾았습니다!

정영, 이 배신자!

이 아이는 어차피 죽을 목숨인데 돈과 바꾼 게 뭐가 잘못인가?

하하, 드디어 역적의 씨를 찾았구나!

아이는 죄가 없으니 제발 살려 주십시오!

헛소리 마라! 이 아이와 네놈 모두 저승행이다!

팍!

앗, 아가!

네놈은 사람도 아니다!

여봐라, 저놈을 죽여라!

악!

내 반드시 아이를 잘 길러서 원수를 갚고 말 테다.

이렇게 성장한 아이가 조무. 훗날 도안고는 일족이 멸하는 참사를 당하고 조무는 통쾌한 복수를 한다. 정영은 자신의 아이 목숨을 내주고 주군의 핏줄을 살려내 대의를 달성하고, 스스로 목숨을 끊어 생을 마감했다. 이것이 바로 비극적 복수극을 그린 '조씨고아趙氏孤兒' 이야기이다.

초 공왕이 적의 화살에 눈을 맞다

기원전 575년 봄, 진晉나라가 위·노·제 등과 연합하여 정나라를 토벌하자 초나라가 정나라에 구원병을 파견했다. 6월에 초 공왕共王은 군사를 이끌고서 진 여공厲公이 거느린 군대와 언릉鄢陵에서 맞닥뜨렸다.

위·노·제에서 보낸 구원병이 아직 도착하지 않았소. 사섭, 이번 전쟁의 승산은 얼마나 되오?

진나라 내부가 혼란스런 상황에서 초와 정나라라는 외적은 큰 악재입니다.

외적에 대비해 국내의 단결력을 키우고 전쟁은 잠시 미뤘으면 합니다.

극지 장군의 생각은 어떻소?

지난 몇 년간 잇달아 전쟁에 패했는데 지금 또 초나라를 피한다면 치욕을 더하는 것입니다.

일찌감치 사사건건 우리와 부딪히는 초나라가 눈꼴시었다!

탁!

필 전투의 참패를 만회할 기회를 결코 놓쳐서는 안 됩니다.

내 생각과 같구려!

헤헤, 내 의견이 채택됐어!

주공……

그만하시오. 이번에 반드시 초나라를 대파해 진나라의 위용을 과시하겠소.

초군 진영

양유기, 요즘 날마다 새벽 안개가 자욱하구려.

내일이 바로 달이 없는 그믐입니다.

그믐이라고?

그믐은 병가에서 출병을 꺼리는 날이라 진나라의 방비도 분명 허술할 것입니다.

그럼 절호의 기회겠군. ㅎㅎ……

내일 새벽 안개가 자욱한 틈을 타 진나라 본영을 포위하라!

예!

3국의 구원병이 오기 전에 속전속결로 끝내야 된다.

다음날 새벽

큰일 났습니다. 초나라 군대가 우리 진영을 포위했습니다!

뭐?

대응 방안을 논의하게 빨리 장수들을 소집하라!

예!

비겁한 놈들, 그믐을 이용해 쳐들어오다니.

난서, 좋은 계책이 있으시오?

음……

우리 본영 앞에 늪이 있어 진을 치기 쉽지 않습니다.

또한 초나라 군의 사기가 높지 않아 며칠이면 분명 물러갈 겁니다.

싸우지 않고 굳게 지키다가 3국의 구원병을 기다려 초나라를 공격하십시오.

좋소, 그리 하도록 하지.

안 됩니다. 당장 초나라와 결전을 치러야 합니다!

초와 정의 진세를 살펴보니 그들에게는 여섯 가지 치명적인 약점이 있습니다.

여섯 가지나?

첫째, 초나라의 군사는 많지만 대개가 노병이라 전투력이 약합니다.

둘째, 정나라의 대오가 어수선해 일격에도 무너뜨릴 수 있습니다.

셋째, 양군의 질서가 매우 혼란스런 상황입니다.

넷째, 초나라 군 대다수가 야만족이라 진법을 아예 모릅니다.

다섯째, 초나라가 달이 없는 그믐에 포진해 크게 불길합니다.

오~ 대단한 통찰력이오.

마지막 하나는 뭐요?

맞다. 극지, 얼른 말해 보시오.

초와 정 양군의 사이가 좋지 않고, 초나라 내부에서도 의견 충돌이 잦다고 합니다.

이 여섯 가지를 종합해 볼 때 초나라를 충분히 물리칠 수 있습니다.

오~

좋소! 진영 앞에는 진을 치기 어려우니 진영 안에 진을 치고 맞서 싸웁시다!

묘분황, 자네는 초나라 출신이니 초군의 상황을 잘 알지 않소?

초군의 최정예는 중군의 왕실 부대입니다. 먼저 좌우 양군을 친 뒤 힘을 합쳐 중군을 공략하면 쉽게 이길 수 있습니다.

68

좋다!
묘분황의 말대로
먼저 좌우 양군을
공격하라!

돌격!

질퍽

이런! 난침,
수레가 진흙
속에 빠졌다!

제가 말에서
내려 밀어
드리겠습니다!

주공!
제 수레를
타십시오.

난서!

아버지, 자리를 뜨지 마시고 빨리 돌아가십시오. 주공은 제가 보호하겠습니다!

알겠다.

영차!

하하, 여공의 수레에 문제가 생긴 모양이구나.

얼른 그의 목을 가지러 가자!

덜

컹

공왕이 돌진해 온다! 위기, 나를 구하라!

내 화살 맛을 보고 싶은 모양이구나.

악! 내 눈 ……

양유기, 날 쏜 놈을 당장 쏴 죽여라!

예!

흥!

전투가 새벽부터 밤까지 이어지는 와중에 초나라 공자 벌이 진나라에 포로로 잡혔다. 승부가 나지 않자 공왕은 다음날 다시 싸우기로 결정했다.

주공, 제가 돌아왔습니다.

공자 벌? 자네는 포로로 잡히지 않았나?

감시가 허술한 틈을 타 몰래 도망쳤습니다.

진나라 상황은 어떤가?

진나라의 대비가 철저하여 상대하기 어려울 듯합니다.

지체하지 말고 중군의 자반 장군을 불러라!

자반 장군이
지금…

무슨 일인가!

술에 취해서
몸을 가누기도
힘듭니다.

미쳐,
내가!

뭐…
뭐라고?

강적을 앞에
두고 주장이
술에 취해
있다니……

언릉 전투는 진과 초의 성
복 전투, 필 전투에 이은 세
번째 전쟁이자 양국 주력
부대가 맞붙은 마지막 결전
이었다. 이 전투 이후 초나
라의 중원 장악력은 점차
약화되었다.

아! 철군하는
수밖에
없겠구나.

최저와 경봉의 반란

기원전 548년, 제 장공莊公과 제나라 대부 최저의 아내 당강이 사통했다. 최저는 이에 원한을 품고 복수할 기회만 노리고 있었다.

내 사랑 당강아~~~

어머, 시간이 늦었어요. 얼른 돌아가세요.

남편에게 들킬까 두려우냐. 걱정 마라. 그가 설사 안다고 해도 뭘 어쩌겠느냐!

사실 이 일을 모르는 사람이 없다고요……

밤이 늦어 돌아가셔야 합니다.

가거, 당강과 좀 더 있다 갈 테니 너는 밖에서 기다려라.

그러다가 최저 대인과 맞닥뜨리면......

오~ 명중!

펵!

아얏!

내시 주제에 어디서 감히 훈계야!

아......

최저의 집

경봉, 내 조만간 이 못된 장공 놈을 죽이고 말겠어!

하지만 경비가 삼엄해서 손쓸 기회를 찾기가 쉽지 않아.

대인, 가거가 찾아 왔습니다.

가거라면? 들라 해라.

최 대인,
어째서 자신의
아내를 빼앗기고도
참고 계십니까?

흥!
네가 관여할
바가 아니다.

장공은
호색한데 툭하면
아랫사람들을
매질해 모두 그를
싫어합니다.

자네
말뜻은
……

며칠 후
거나라 군주가
제나라에
옵니다.

장공은 분명
연회를 베풀
겁니다.

그래서?!

최 대인이 병을 핑계로
가지 않으면 장공은 필시
병문안을 구실로 부인과
만날 것입니다. 그때 제가
장공을 죽일 수 있도록
돕겠습니다.

최저,
정말 좋은
생각이네.

절대!!!
기회를 놓치지
마십시오.

그럼 그때
거사를
치르자고.

좋아,
그렇게
하지.

당강, 내가 왔다. 도망가지 마~

쿵쿵~

콩콩~

너희들은 주공을 방해하지 말고 밖에서 기다려라!

호위병을 외부에 배치했으니 장공을 도와줄 사람은 아무도 없다.

당강, 문 열어 줘~

최 대인, 장공이 진짜 왔습니다.

좋아! 경사, 가거의 신호를 기다렸다가 장공을 단칼에 죽여라!

사랑스런 당강아, 문을 열어라~

잠시 후면 죽을 놈이 노래는, 흥!

대문이 닫혔다!

뭐라고 떠드느냐?

잡아라!

너…너희들은 누구냐?

우린 최 대인의 명을 받고 음탕한 자를 잡으러 왔다!

악……

최저와 잠깐 애길 나눌 수 있겠나?

꿈 깨시지!

그럼 조상의 사당에서라도 자살하도록 해 주게.

그건 우리가 알 바 아니다!

안 먹히네!

에잇……

도망 가자!

흥! 감히 어딜 도망 가려고?

으악!

슉ㅡ

장공을
잡았다!

최저와 경봉이 장공을
모살한 뒤 영공의 어린
아들 저구를 임금으로
삼으니, 그가 바로 제 경
공景公이다. 최저는 스스
로 우승상이 되고, 경봉
은 좌승상이 되었다.

최저가 권력을
독점하고 멋대로
날뛰고 있어.

최저가 장자인 최성을
폐하고 서자인 최명을
후계자로 삼아 집안이 크게
어지럽다고 합니다.

81

그거 좋은 기회로구나!

맞다. 최씨 집안을 풍비박산 내고 말 테다.

최씨 형제를 싸움 붙여 최저를 제거할 생각이신가요?

최성, 자네 집안일은 나도 익히 들었네. 자네 부친이 너무했어.

부친은 최명에게 제 후계자 자리를 넘겨주고 땅까지 하사했습니다. 또 지금은 간신 동곽언과 당무구의 이간질을 곧이듣고 있습니다.

최읍 땅마저 형님에게서 빼앗아 가다니. 형님을 위해 모든 걸 제자리로 꼭 돌려놓겠습니다!

최강아 ......

82

두 간신배를 빨리 없애지 않으면 최씨 집안에 재앙이 닥칠 걸세.

저희도 마음은 굴뚝같지만 힘이 너무 미약해서…

우리 두 집안이 어떤 사인가! 내 몰래 군대를 보내 도와주겠네.

참으로 감사합니다!

큰일 났습니다. 최성, 최강이 집안에 침입해 동곽언과 당무구를 죽였어요!

뭘 꾸물대느냐! 마…마차를 준비해라!

빨리 좌승상 집으로 가자. 경봉과 대책을 논의해야겠다.

집 안에 사람들이 다 도망가고 저만 남았습니다.

후 다 닥

좌승상 저택

자식 놈들이 이런 일을 저지를 줄은 꿈에도 몰랐네.

자네 집안 일은 우리 집안 일 아닌가. 내 힘닿는 대로 도와주겠네!

이 두 역적 놈만 없애 준다면 자네를 최명의 양아버지로 삼겠네.

경봉은 노포별을 보내 반란을 진압하고 최씨 일가를 몰살했다. 병사들은 집 안의 물건을 모두 약탈하고 불을 질렀다.

84

대인, 반란은 평정됐습니다. 이건 최성과 최강의 목입니다.

엉엉, 이놈들아!

당강은 안전한가? 혹시 크게 놀라지 않았나?

부인은 깊이 잠 들어서 아무것도 모르십니다.

집으로 돌아가게 마차를 좀 빌려 주겠나?

제가 모셔다 드립죠.

악!! 이게 어…어찌 된 일이냐?

아니! 부인!

흑, 내가 경봉에게 속았구나!

집안이 망했는데 살아 무엇 한단 말이냐!

최저가 죽고 재상에 오른 경봉은 사치하고 방탕하여 정무를 전혀 돌보지 않았다. 기원전 545년, 전·포·고·난 네 집안이 모의해 경씨 일족을 몰아냄으로써 3년간 계속된 최저와 경봉의 난이 진압되었다.

『도덕경』을 남긴 노자

노자의 성은 이, 이름은 이, 자는 백양이며 노담으로도 불렸다. 춘추시대 초나라 고현 여향의 곡인 리 사람이다. 중국의 위대한 철학가이자 사상가로 주 왕실에서 장서실 관리인을 지냈다.

이이 대인, 이곳이 장서실입니다.

주나라 장서실이 너무 허름해 보이는군.

삐
걱

『시』
춘추시대 민요를 중심으로 모은 중국에서 가장 오래된 시집이다.

『서』
중국 상고시대의 정치 기록이다.

『예』
중국 고대의 예에 대한 이론과 실제를 기록·편찬한 책이다.

****『악』****
중국 고대의 음악을 기록한 책이다. 진시황의 분서갱유 때 유실된 것으로 알려져 있다.

*****『역』*****
만물을 음양 이원으로 설명해 그 으뜸을 태극이라 했고 거기서 64괘를 만들었는데, 이에 맞춰 철학·윤리·정치상의 해석을 덧붙였다.

이이의 학문이 깊어질수록 그의 명성도 널리 퍼졌다. 옛날에는 학식이 뛰어난 사람에게 '자子'라는 존칭을 붙였다. 이에 사람들은 이이를 노자라 불렀다.

덜 커 덩

선생님, 노자가 정말 소문처럼 대단할까요?

남궁경숙

고금을 꿰뚫는 학식을 가졌다 하니 가르침을 청할까 한다.

설마 선생님보다 대단하려고요?

만나 보면 알 것이다.

공자

89

공구*,
마침 잘 오셨소.
마음을 터놓고
애기나 나눕시다.

당신은 예악에
정통한데 무슨
가르침을 받는단
말이오?

저는 선생께
가르침을 받으러
온 것입니다.

저는 수많은 선현의
저서를 읽고 스스로
예악에 정통했다고
생각했습니다.

하지만 현실에서
전혀 통용되지
않는 건 왜일까요?

어려워
……

예악이 현실과
맞지 않기 때문
아닐까요?

예악 제도는
대대로 전해 내려온
것인데 현실과 맞지
않다니요?

맞습니다.
예악 제도는
선조가 정한
규칙이라고요.

* 공자의 자는 중니(仲尼), 이름은 구丘이다.

예악을 주창한 사람의 몸은 사라지고 다만 그들의 말이 남았을 뿐이죠.

이 세상의 사물은 끊임없이 변화한다는 말씀인가요?

그렇죠.

군자가 명군을 만나면 벼슬길에 올라 천하를 잘 다스리는 것처럼요.

제가 미처 거기 까지는 생각을 못 했습니다.

때를 만나지 못했다면요?

그땐 풀잎처럼 바람 부는 대로 떠돌면서 기회를 찾아야죠.

선생의 말이 옳습니다. 저 역시 풀잎처럼 제 이상을 실현할 기회를 찾아야겠습니다.

그건 ……

당신은 재능이 뛰어나고 큰 뜻을 품었잖습니까?

장사를 잘하는 사람은 항상 재물을 감춰 겉보기에 아무것도 없어 보입니다.

또 성품이 고결한 군자는 겉으로 매우 어리석은 것처럼 보이죠.

과찬 이십니다.

당신도 가슴에 큰 뜻을 품고 있지만 늘 도광양회*해야 합니다.

지나치게 자만하고 욕망이 크면 비현실적으로 이상만 높을 뿐입니다.

제가 말이 너무 많았군요.

선생의 가르침 가슴 깊이 새기겠습니다.

떠나기 전에 조언 몇 마디를 해 드릴 테니 도움이 됐으면 좋겠소.

말씀 하십시오.

* 도광양회韜光養晦
자신의 재능이나 명성을 드러내지 않고 참고 기다린다는 뜻이다.

92

총명한 사람은 모든 걸 통찰하지만 죽음과 가까이 있고, 달변인 사람은 오히려 자신을 망칩니다.

남의 흠을 들춰내길 좋아하면 결국 해를 입습니다.

무슨 뜻인가요?

그러니 너무 자신을 드러내선 안 됩니다. 신하 된 자는 특히 주의해야 합니다.

선생의 가르침 명심 또 명심 하겠습니다.

선생님, 노자는 어떤 분이신가요?

새는 날 수 있고 물고기는 헤엄을 잘 치고 짐승은 잘 달린다. 하지만 잘 달리는 놈은 덫에 걸리고 헤엄을 잘 치는 놈은 그물에 걸리고 날 줄 아는 놈은 화살에 맞는다.

용은 어떤가?

용은 바람과 구름을 타고 자유자재로 날아 다녀 누구도 잡을 수 없다.

노자는 용과 같은 분이다.

훗날 주 왕실에 내란이 발생하자 공자가 용과 같다고 표현한 노자는 관직을 버리고 은거하기로 결심했다.

함곡관

윤희 대인, 요…괴가 나타났습니다!

허튼소리! 요괴가 어디 있단 말이냐?

보십쇼. 동쪽에서 자줏빛 안개가 몰려오잖아요.

노자가 이곳을 지난다던데. 노자는 성인이니 이는 분명 그가 온다는 뜻이야.

네?!

당장 길을 깨끗이 하고 성인을 맞을 준비를 하라!

네, 알겠습니다.

95

터벅

터벅

저 노인네가
성인이라고요?

그래.
그 유명한
노자시다!

산속에 은거
하신다던데 차라리
여기 머물며 저술
활동을 하도록
권해야겠어!

선생이 은거해
버리시면 선생의
가르침을 누구에게
전하시렵니까?

그건……

평생 공부한 것을 책으로 엮어 후세에 전하는 건 어떻겠습니까?

그거 좋은 생각이구려.

말로 설명할 수 있는 도는 늘 그런 참된 도가 아니오, 이름을 붙일 수 있는 이름은 참된 이름이 아니다.

높은 덕은 덕을 마음에 두지 않으므로 덕을 지니게 되고, 낮은 덕은 덕을 잃지 않으려 하니 오히려 덕이 없네.

쓱~ 쓱~

꼬—
끼오~

5천 자나 되는
글을 거침없이
써 내려가셨군요.

에헴…

이로써 선생의
큰 뜻을 후세에
전할 수 있게
됐습니다.

글을 다
썼으니 이만
가 보겠소.

총총총~

세상에 『도덕경道德經』을 남긴 노자
는 푸른 소를 타고 함곡관을 나갔
는데 그 후 그가 어디로 갔는지는
아무도 몰랐다.

말재주로 초나라를 농락한 안영

안영은 춘추시대 제나라의 대신으로 지략이 풍부하고 말재주가 뛰어나 영공 · 장공 · 경공 세 군주를 섬겼다. 한번은 경공이 그를 초나라에 사신으로 보냈다.

근심~

대인, 무슨 걱정이라도 있으세요?

초나라에 가면 한바탕 설전을 벌여야 해서 준비하고 있었다.

초나라에 대인의 언변을 당할 자가 있겠습니까?

하하, 유비무환* 이지.

너도 이제 대부가 되었는데 여전히 말을 몰게 해서 미안하구나.

* 유비무환有備無患
평소에 준비가 철저하면 후에 근심이 없다는 뜻이다.

대인이 아니었다면 제가 어떻게 대부에 올랐겠습니까!

당시에……

덜컹 덜컹

비켜라! 안 승상의 마차가 나가신다!

다 다

우 당 탕

대인, 어서 타시죠.

……

일개 마부인 내 남편이 저리도 거만하고 무례하다니.

여보,
다녀 왔소.

어?! 짐은 왜
싼 거요?

당신을
떠나려고요.

뭐…뭐요! 내가 지금
재상의 마부 일을
하며 잘 나가는데
갑자기 떠난다니?

안영은 키가 아주
작지만 일국의 재상
자리에 올랐고 명성이
천하에 자자하지만
성품이 겸손하고
소박합니다.

101

그런데 키가 훤칠한 당신은 남의 마부 일을 하면서도 뜻을 이룬 듯 만족해 하니 더는 같이 살 수 없습니다.

알겠소. 내 이제부터 안영 대인의 겸허함과 예의 바름을 배우리다.

제 말을 바로 알아들으시네요.

후에 대인이 제 변화를 보시고

대부로 추천해 주셨잖아요.

하하, 알고 보니 자네 처의 말을 들은 것이었군. 자네 처를 대부로 삼아야겠어.

대인, 놀리지 마세요.

하하하!

초나라 영도

안영이 제나라에서 재주가 가장 뛰어나다고 하던데 그를 모욕 줄 방법이 없겠나?

그게 또 제 전문이죠!

안영은 체구가 왜소하니 키를 가지고 놀리면 됩니다.

어떻게 말이냐?

성문 옆에 개구멍을 파서 그리로 들어오도록 하십시오!

거참, 좋은 생각이다. 안영이 도착하기 전에 속히 준비하라!

옙!

대인, 영도에 도착했습니다.

초나라에선 사신을 영접하면서 왜 성문을 안 여는 거지?

글쎄요.

보십쇼. 옆에 작은 문이 하나 있습니다!

이는 분명 초나라가 나를 놀리려고……

어떡하죠? 저 문으로 들어갈까요?

아니다. 너는 잘 보고 있거라.

흐흐, 초나라에 오신 걸 환영합니다.

감사 합니다.

대문을 열어 제나라 사신을 맞이해라!

아이고 분해… 두고 보자!

정말 멋지십니다!

초왕이 또 무슨 꿍꿍이가 있을지 모른다.

대인이라면 능히 지혜롭게 해결하실 수 있을 겁니다!

제나라에는 사람이 없나? 이런 난쟁이를 사신으로 보내다니.

예상대로!

제나라 도성 임치에는 7천 5백 가구에 수백 개 길이 나 있습니다.

사람들이 소매를 들면 태양을 가릴 수 있고, 흘리는 땀은 비 오듯 합니다.

사람이 그리 많은데 왜 하필 그대를 보낸 것이오?

제나라는 사신을 파견할 때 그 대상에 따라 달리 보냅니다.

현명한 사람은 현명한 나라에 파견하고, 현명하지 못한 사람은 현명하지 않은 나라에 보냅니다.

저는 재주가 없고 키도 작아 초나라에 사신으로 온 것입니다.

뭐야?!

그를 모욕 주기는
커녕 도리어 된통
당했어. 아이고
신경질 나!

저에게
한 가지 방법이
있습니다.

그으래?!

연회에 안영을
초대했을 때 죄인을
끌고 와서……

안영,
한 잔 더 받으시오.
오늘 흠뻑 취해
봅시다!

감사
합니다.

귤은 회수 남쪽에서는 단 열매를 맺는데, 회수 북쪽으로 넘어오면 떫은 탱자가 열린다고 합니다.

그게 도둑질과 무슨 상관이오?

이처럼 같은 종자에서 완전히 다른 열매가 열리는 건 바로 환경이 다르기 때문입니다.

선량한 제나라 백성이 초나라에 와서 도둑질을 범했습니다.

혹시 초나라가 도둑질을 좋아하는 것 아닙니까?

허걱!

아, 성인은 함부로 희롱할 수 없구나. 굴욕을 자초한 꼴이라니……

110

가까스로 소관을 빠져나간 오자서

기원전 522년, 초 평왕은 태자를 폐하려고 태자의 스승인 오사를 옥에 가뒀다. 또 화근을 제거하기 위해 오사를 협박해 그의 두 아들인 오상과 오자서에게 영도로 돌아오라는 편지를 쓰게 했다.

오상, 오자서는 빨리 편지를 받아라!

자서야, 우리가 돌아가면 아버지를 살려 주고

관직도 주는데 가지 않으면 아버지를 죽인다는구나.

형님, 이 편지는 초왕이 우릴 죽이려고 아버지를 협박해 쓴 겁니다.

그래도 나는 가련다.

형님!

우리가 가도 아버지를 구할 수 없어요. 이는 우리 모두를 죽이려는 초왕의 술책이라고요!

나도 잘 안다.

그럼 도망갑시다. 나중에 다른 나라의 힘을 빌려 아버지 복수를 하자고요!

아니다. 나는 아버지와 함께 저승길로 갈 테니

네가 우릴 위해 꼭 복수해 주길 바란다. 흑흑

두 공자님은 준비되셨나요?

빨리 우리와 함께 갑시다. 그래야 부친을 구할 것 아닙니까.

자서야, 내가 엄호할 테니 너는 얼른 빠져나가라!

형님, 오늘 작별하면 다시 만날 수 없을지 모릅니다.

빨리 가라!

쾅!

흥!

오자서, 네…네놈이 감히……

나라를 보전하고 싶다면 내 아버지와 형님을 풀어 주라고 초왕에게 전해라. 그렇지 않으면 훗날 초나라를 멸하겠다!

뭐, 뭐야!

오자서가 달아난다!

빨리, 빨리 잡아라!

멈춰라! 그렇지 않으면 내 칼이 용서치 않겠다!

아… 알겠소……

그럼 공자님이 우리와 가시죠.

흥!

영도

뭐?

오자서가 감히 그런 말을 해! 내가 그놈들을 죽이지 못할 줄 알았더냐!

오사와 오상을 죽여라! 그리고 오자서를 반드시 잡아 와라!

대왕, 진정하십시오.

헉헉!

다

다

엉엉,
아버지, 형님!

두 분의 원수를
이 오자서가 꼭
갚겠습니다!

오자서를
잡거나 고발하는 자는
상금으로 쌀 5만 석을
내리겠다!

이런……

우글~ 우글~

사방에 병사들이 깔려서 혼자 힘으로는 원수를 갚기 어렵겠어.

다른 나라로 가서 군사를 빌려 오자!

진秦과 진晉은 강국이지만 초나라와 거리가 너무 멀어.

맞다! 오나라는 초나라와 원수지간이라 오왕은 분명 군대를 빌려 줄 거야.

챙~

소관

오나라로 가려면 국경인 이 소관을 반드시 지나야 한다.

116

멈춰라!

앗!

이 자가 오자서와 닮았습니다!

억울합니다.

탐문이 심해서 빠져나가기 어렵겠어. 어쩌지?

엥?

오 공자님은 오나라로 가십니까?

앗!

사람 잘못 봤소.

하하, 사방에 공자의 얼굴이 붙어 있는데 잘못 볼 리가요?

누구냐?
정체를
밝혀라!

저는 공고공이라는
편작*의 제자입니다.
제가 공자님을
도와드리죠.

내 편?

저에게
황보눌이라는
친구가 있는데
용모가 공자와
흡사합니다.

그를
공자님으로
변장시키고
탈출하십시오.

선생의 은혜는
훗날 꼭
갚겠습니다!

* 편작扁鵲
중국 고대의 전설적인 명의. 의술이 매우 뛰어나고 죽은 사람을 살린 것으로 유명하다.

7일 후

벌써 이레나
지났는데 공고공은 왜
소식이 없는 거지?

설마 초왕에게
날 고발하러
간 건 아닐까?

휘   익~

밖에
누구냐?

쾅!

바람소리잖아.
요즘 너무
예민해졌어……

오자서, 차라리 네 아버지와 형의 뒤나 따라가거라. 하하!

자서야, 나와 아버지 원수를 꼭 갚아 줘라!

으악!

소관을 지나갈 방법이 없을까? 형님, 전 어쩌면 좋을까요……

꼬끼오

공자님, 황보눌을 데려 왔으니 이제 소관을 지나가시죠.

앗! 공자님 ……

세상에!

왜요? 뭐가 잘못 됐나요?

직접 거울을 보세요.

으아아악! 종일 수심에 잠겨 있었더니 하룻밤 새에 백발로 변했구나.

공자님! 이젠 저와도, 밖의 초상화와도 닮지 않았고 전혀 딴사람 같습니다.

하늘도 제가 초나라를 떠나도록 돕는군요.

멈춰라!

오자서를 잡아라!

아니에요, 전 아니라고요.

하하, 드디어 소관을 빠져나왔어.

오자서는 오나라로 달아나 합려의 즉위를 도왔다. 이후 합려의 힘을 빌려 초나라를 대파하고 평왕의 시신을 무덤에서 꺼내 3백 번이나 채찍질을 가해 아버지와 형의 원수를 갚았는데, '굴묘편시掘墓鞭屍'는 여기서 유래된 고사성어이다.

춘추 下

효정 下

春秋

전제專諸

오나라 당읍 사람으로
중국 고대의 유명한
자객 중 한 명이다.

증삼曾參

춘추 말기의 노나라 사람.
공자 문하에서 공부했으며
효자로 이름났다.
공자 학설을 계승하고
전파한 주요 인물이다.

손무孫武

중국 고대의 유명한 군사 전략가로
오나라 군대를 이끌고 초나라 군대를 대파했다.
초나라 도읍인 영도를 점령하여
초나라를 멸망 직전까지 몰고 갔으며,
유명한 병법서인 『손자병법孫子兵法』을 저술했다.

공자孔子

춘추시대 노나라 사람.
중국 고대의 위대한
사상가이자 교육가이다.
유가儒家 학파의 창시자로
세계적으로 유명한
성인 중 하나이다.

신포서申包胥

춘추시대 초나라 사람으로
초 소왕 때 대부를 지냈다.

자로子路

춘추 말기의 노나라 사람.
공자의 애제자로
정치적 능력이 뛰어났다.
성격이 시원시원하고 솔직하여
공자를 과감하게
비판하기도 했다.

자공子貢

원래 이름은 단목사端木賜.
공자의 애제자로 말재주가 뛰어나고
일처리 능력이 탁월했다.
노나라와 위나라에서
재상을 역임했다.

염구冉求

춘추 말기의 노나라 사람.
공자의 애제자로
정치적 능력이 뛰어났다.
다재다능하고 이재에 밝아
노나라 대부 계씨의
신하가 되었다.

부차夫差

춘추 말기의 오나라 군주로
오왕 합려의 아들이다.
즉위 초기에는 온 힘을 다해
나라를 다스려 월나라를 대파,
오나라의 전성기를 이룩했다.
하지만 재위 말에
사치스러운 생활에 빠졌고
월나라 구천이 이 틈을 타
공격하자 결국 다시
일어나지 못하고
스스로 목숨을 끊었다.

구천勾踐

춘추 말기의 월나라 군주로
와신상담臥薪嘗膽이라는
유명한 고사를 후세에 남겼다.

전제가 오왕 요를 암살하다

오자서는 오왕 요가 초나라를 공격할 마음이 없자 호시탐탐 임금 자리를 노리는 공자 광에게 투신했다. 그는 오왕 요를 암살할 계획을 꾸미고, 공자 광이 즉위한 후 자신의 복수를 위해 초나라를 공격해 주길 바랐다.

오왕을 제거하려면 도와줄 용사가 반드시 필요합니다.

선생이 적합한 인물을 추천해 주시오.

제가 오나라에 오자마자 전제라는 용사를 만났는데, 백정이지만 가슴에는 큰 뜻을 품고 있습니다.

오!

그와 처음 만났을 때 이런 일이 있었죠.

백성을 괴롭힌
네놈들을 나 전제가
엄히 벌하겠다!

모…
목숨만 살려
주십시오!

제발요.

흥!
지금 살려 주면
또 백성을
괴롭히려고?

애야,
그만두어라!

어머니!

얼른
집으로
가자.

알겠
습니다.

에휴~

전제는 용감한 데다 효성스럽기까지 하니 진정한 영웅이구나.

저 사람과 꼭 친분을 맺어야겠어.

후에 저와 전제는 의형제를 맺었습니다.

그럼 뭘 기다리시오? 당장 그를 부릅시다.

공자 광은 전제를 극진히 대접하고 집에까지 사람을 보내 어머니를 돌봐 주었다. 전제가 매우 감격해 오왕 요 암살을 돕기로 약속했다.

장하다! 내 아들.

어머니, 불효자를 용서하십시오.

얘야, 무슨 일 있느냐?

오왕 요를 암살하러 가면 돌아오지 못할 듯합니다. 그래서 어머니 걱정에······

공자의 은혜에 보답해 암살에 성공하면 나는 죽어도 여한이 없다.

어머니......

목이 마르니 물 좀 가져다 주렴.

네.

내가 살아 있으면 전제가 오왕 암살을 주저하게 될 거야......

전제야. 부디!

어머니, 물 드세요.

132

앗!

짱그랑!

어머니,
꼭 오왕을 죽여서
어머니의 뜻을
저버리지
않겠습니다!

기원전 516년, 초 평왕이
세상을 떠났다. 오자서는
오왕 요에게 초나라가 상
중인 틈을 타 공격하도록
대부대를 빌려 달라고 설
득했다. 이때 공자 광은
다리 부상을 핑계로 국내
에 남아 있었다.

오자서의 묘책으로
군대가 모두 출동하여
지금 오왕은 외톨이나
다름없다!

이 기회에
바로 행동에
옮깁시다!

내일 연회에 오왕을 초대해 그가 가장 좋아하는 생선구이를 내놓을 것이다.

그때, 철도 자른다는 이 어장검으로 거사를 치뤄라!

이 검이면 오왕을 반드시 죽일 수 있습니다.

내 운명은 이제 자네에게 달렸네. 뒷일은 꼭 책임지겠네!

걱정 마십시오.

돌아가신 어머니를 위해서라도 반드시!

공자님의 부탁을 저버리지 않겠습니다!

잠깐 몸수색을 하겠다!

네엣!

이런……

아야! 대왕, 다리가 아파 잠깐 쉬고 오겠습니다.

이렇게 흥겨울 때 다리가 아프다니. 어서 가 보시오!

예!

몸수색이 삼엄해서 무기를 숨기기 어렵겠어. 어쩌면 좋지?

터억!

걱정 마십시오. 칼을 고기 배 속에 이렇게 숨기면 됩니다.

무기를 지니지 않았습니다.

흥!

절대 못 찾을 것이다.

대왕, 최고급 생선구이를 대령했습니다.

캬~ 냄새가 너무 좋구나.

그런데 넌 누구냐?!

소인은 태호의 요리사입니다.

요리를 내왔는데 왜 물러가지 않느냐?

수상한 놈, 경계 또 경계!

이 생선구이는 먹는 방법을 알아야 제대로 맛을 즐길 수 있습니다.

그래?

여기가 가장 맛있는 부위이니 한번 드셔 보십시오.

그를 가까이 데려와라.

예!

커억!

오왕이 돌아가셨다! 자객을 처단하라!

오왕이 죽었다. 혼란을 틈타 오왕의 부하를 모두 없애라!

돌진!

와~

전제!

오왕 요가 죽은 후 공자 광이 즉위하니, 그가 바로 유명한 오왕 합려(闔閭)이다. 합려는 전제의 아들을 상경에 봉하고 어장검을 상자에 봉해 영원히 사용하지 않았다.

궁녀를 훈련시킨 손무

기원전 512년, 오나라 왕 합려가 즉위한 지 3년째 되던 해에 나라가 안정되고 군사력이 강해지자 합려는 초나라 정벌을 계획했다.

오자서, 전에 내가 즉위하면 초나라로 쳐들어가 그대 아버지와 형의 복수를 해 주겠다고 한 약속을 이제 지킬 수 있게 됐소!

대왕, 초나라 정벌은 먼 원정길로 반드시 병법에 능통한 자에게 지휘를 맡겨야 승리할 수 있습니다.

여러 나라를 돌아다니더니 적합한 인물이라도 골라 놓았소?

암요!

오나라에 바로 그런 군사 천재가 있습니다.

오나라에 그런 인재가 있었다니. 왜 난 몰랐지?

그의 이름은 손무입니다. 조상은 진나라에서 공자를 지냈고, 후에 제나라로 옮겨 왔습니다. 군인 집안에서 태어나 어려서부터 병법 연구를 좋아했습죠.

손무라? 한 번도 들어본 적 없는 이름인걸.

그는 오나라로 이주 한 후 줄곧 산속에서 농사를 지으며 살고 있습니다.

그럼 촌뜨기나 마찬가지잖아.

손무는 문무를 겸비한 기재입니다. 그에게 일을 맡기시면 천하를 안정시킬 수 있습니다.

그가 정말 기재라면 왜 산속에서 농사나 짓고 있는 거요?

에이~

시간이 너무 늦어서 과인은 쉬러 가야겠소.

대왕, 잠깐……

손무는 훌륭한 기재다. 대왕이 반드시 그를 등용하도록 만들겠어.

대왕, 손무란 인재를 절~대 잃어서는 안 됩니다.

휴, 또 그 소리요? 아침부터 몇 번째요? 내 한 번 만나보도록 하리다.

감사합니다! 당장 그를 데려 오겠습니다.

손무란 자가 얼마나 대단하길래 오자서가 입에 침이 마르도록 칭찬하는 거지…

손무가 대왕을 알현합니다.

당신이 손무요? 당최 뭐가 그리 특별하단 말인가?!

소인이 쓴 병법입니다. 대왕께서 직접 살펴보십시오.

좋소, 한 번 봅시다.

실로 대단하군. 병법이 꽤 논리 정연해.

하지만 병법이 아무리 뛰어나다 해도 실전은 전혀 다른 법. 먼저 군사 훈련 실력을 시험해 봐야겠어.

손무, 당신의 병법 13편을 읽어 보고 도움이 많이 되었소.

과찬 이십니다!

그런데
실전에 어떻게
적용되는지 알 수
없으니…
혹, 이 병법으로
실제 훈련 장면을
보여줄 수 있겠소?

대왕께서
내 실전 능력을
시험해 보려는
것이구나…

당연히
가능합니다.

좋소!
어떤 사람들을
훈련시킬
생각이오?

대왕께서
누구를 고르셔도
상관없습니다.

엥?!

장담하지 마라.
호락호락하지
않을 것이다.
후훗…

그럼 궁녀들을 훈련시켜 보시오.

궁녀요?

아무나 가능하다고 하지 않았소? 설마 궁녀라고 못 하겠다는 것이오?

훗, 힘들겠지?

아닙니다. 다만 훈련 시 제게 그녀들을 처벌할 전권을 주십시오.

기왕 훈련을 맡겼으니 당연히 전권을 주겠소.

궁녀 180명을 궁궐 뒤 연병장으로 소집할 테니 잘 훈련시켜 보시오.

명에 따르 겠습니다.

히히! 궁녀에게 뜬금없이 훈련이라니, 정말 재밌겠는걸.

146

오늘 대왕 앞에서 병법을 시연할 것이다. 모두들 지휘에 잘 따라 주길 바란다. 어기는 자는 군법에 따라 처벌할 것이다!

장군님 표정 좀 봐!

히힛!

헤헤, 손 장군님이 너무 심각한걸.

지금 너희를 두 부대로 나누고, 이 중 두 명을 대장으로 뽑겠다!

팟!

令

손무, 과인이 가장 아끼는 두 궁녀를 대장으로 뽑으시오.

알겠습니다.

148

명령이다!
전체 차렷!

헤헤,
지금 똑바로
서 있잖아요?

……

두 대장이
군령을 어겼으니
군법에 따라
목을 베어라!

헉!

지…진짜는
아니겠지?

걱정 마.
대왕께서
설마 우릴
죽이겠어?

그, 그것이
……

손무가 어째서
과인의 두 애첩을
잡아들인 것이냐?

149

궁녀들이 군령을 어겼다고 손무가 목을 베려 합니다!

뭣이라? 당장 가서 멈추도록 하라!

과인은 이미 그의 능력을 인정했다!

두 애첩이 없다면 과인은 어찌 살아갈꼬? 빨리 손무에게 가서 그녀들을 풀어주라고 일러라!

멈추시오!

대왕께서 그녀들을 풀어주라고 명하셨습니다.

아니 되오!

단호!

어서 끌고 가 목을 베어라!

대왕께서 내게 궁녀들의 훈련을 맡겼으니, 반드시 군대 규정에 따라 처리할 것이오.

군령을 어긴 자는 누구든 처벌을 받아야만 하오. 예외는 없소!

당신……

싫어, 안 돼!

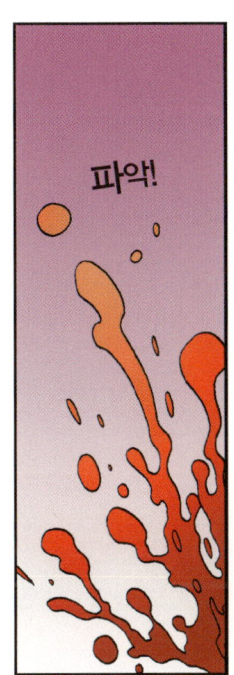

파악!

허걱,
정말로
목을 벴어!

두 부대의
선두에 선 자가
대장이 되어
연습을 계속하라!

모두들
훈련에 성실하게
임했다고 대왕께
전하겠다.

휴~
끝났다.

훈련이 끝났으니 한 번 시찰해 주십시오.

흥! 과인이 가장 아끼는 궁녀를 죽였는데 그럴 기분이 나겠소?

법령이 엄정하고 상벌이 분명한 것은 병가의 상식이자 장수의 원칙입니다.

사병에게 위엄을 보여야 명령에 잘 따르고 싸움에서도 승리할 수 있습니다.

대왕께서 궁녀들을 훈련시키라 하셔서, 제 명령에 복종하게 만든 것뿐입니다.

오나라의 장군이 되어 나를 위해 병사들을 훈련시켜 주길 청하오.

흠……

제 모든 능력을 바쳐 충성을 다하겠습니다.

장군 말이 맞소. 다 내 불찰이오.

오자서의 말대로 기재로구나!

합려는 손무를 상장군으로 중용하였고, 이후 손무는 오나라의 군대를 강력하게 이끌어 초나라를 멸망 직전까지 몰아세우는 등 그 위세를 사방에 떨쳤다.

신포서, 눈물로 초나라를 구하다

기원전 506년, 오나라 대부 오자서와 장군 손무가 초나라 도읍 영도를 공격하자 초 소왕은 운몽택으로 달아났다.

영도

신포서, 초나라 대부께서 이제는 망국의 노예가 되셨구려.

네 아버지와 형을 죽인 평왕은 이미 죽었는데 왜 오나라를 도와 우리를 공격하느냐?

이놈이 누구더러 노예라는 게냐!

내가 초나라를 도망칠 때 그대에게 했던 말을 잊었소?

그게…
초나라를 반드시
멸하겠다고……

맞소!

가만 있자~

내 손으로
평왕을 죽이지
못해 한스러울
따름이오!

하여 그가
죽었다 해도
편히 놓아둘 순
없지.

그럼
어쩔 셈이냐?

저 세상
사람인데 뭘
어쩌려고?

시체에
매질을
할 것이다!

뭐…뭐라?

골수에 맺힌
내 한이 풀리도록
평왕 시체에 매질
3백 대를 가하라!

그때 자네 말에 나도 초나라를 반드시 부흥시키겠다고 대답했지.

초나라가 이렇게 망하도록 두지는 않겠다!

두고 보자꾸나!

화르르~ 활~

오늘도 금은보화와 미녀들을 아주 많이 빼앗았어. 하하!

초나라 왕궁의 미녀에 비하면 아무것도 아니라고!

가증스런 놈들, 이제 백성들까지 약탈하고 있어.

대왕을 다시 모셔 오려면 빨리 초나라를 구제할 방법을 찾아야 한다!

지금 초나라 군사력으론 어림도 없으니 다른 나라의 힘을 빌리자.

초왕의 모친이 진秦나라 군주의 딸이니 그리로 가 보자.

진나라 도읍

헉! 헉!

드디어 도착했군.

빨리 진왕을 만나 군사를 요청해야지.

난 진왕을 뵈러 왔다!

빨리 막아라!

밖이 왜 이리 시끄러우냐?

아이고!

탁!

꽈악!

철~퍼덕!

이 노인네가 미쳤나?

대체 무슨 일이냐?

막무가내로 들어오는 통에 그만……

에고고, 내 허리.

157

대왕, 초나라를 구해 주십시오!

그게 무슨 말이지? 너는 누구냐?

저는 초나라 대부 신포서입니다.

아, 초나라 대부였군. 그를 놓아 주어라!

예!

그래, 어떤 영문인지 천천히 말해 보시오.

초나라 도읍이 오나라에 함락됐습니다. 초왕은 대왕의 외손자라 급히 구원을 청하러 왔습니다.

음……

오나라가 초나라를 멸망시켜도 땅을 독차지하진 못해.

지금이야말로 진나라가 동쪽으로 진출할 좋은 기회야!

양국이 너무 멀리 떨어져 있어 아무래도 출병하기 어렵겠소.

대왕의 말이 맞습니다. 오나라 군사력이 막강해 출병해도 이긴다는 보장이 없습니다.

양국은 친척 관계인데 초나라의 멸망을 보고만 있을 겁니까?

우리 북방 변경이 위기에 빠져 군사를 차출할 여유가 없소.

오나라가 초나라를 멸하면 진나라도 위험해집니다.

초나라가 평정되기 전에 군사를 보내 주시면 반드시 은혜에 보답하겠습니다.

무슨 말인지 알겠으니 오늘은 물러가시오. 좀 더 생각해 보고 다시 알려 주리다.

……

주공께서 들어가셨으니 그만 숙소로 갑시다.

한시가 급하거늘! 큰일이야!

소신의 군주는 발붙일 땅도 없는데

신하된 자로서 어찌 편히 쉴 수 있겠소!

그만 됐고! 어서 갑시다!

그럼 담장 옆에서 진왕이 마음을 바꿀 때까지 기다리겠소.

160

대왕, 군사를 빌려 주지 않으면 초나라는 망합니다. 제에발!

어라? 아직도?

우는 모습을 보니 너무 불쌍해.

맞아, 동정심이 절로 드는걸.

흑흑흑 ……

161

저 초나라 대부는 아직도 울고 있네.

하루 종일 저러고 있었어.

오자서, 원수를 갚았으면 이제 그만 멈춰라!

평왕의 시신까지 매질한 너를 하늘이 용서치 않을 것이다!

불쌍한 초나라 백성들은 이제 어쩌나! 엉엉~

초나라에 정말 큰 재난이 닥쳤나 봐.

주공께서 구원병을 보내 주시면 좋으련만.

흑흑~

구원병을 이끌고 가겠다고 호언장담했는데 ……

무슨 면목으로 세상을 산단 말이냐! 엉엉~

신포서는 며칠째 울고 있나?

벌써 이레가 지났습니다.

밤마다 저 울음소리 때문에 내가 정말!

163

7일이나?!

이제는 눈물까지 다 말라 버렸습니다.

자신의 생사조차 돌보지 않고 구원병을 요청하는 그의 모습에 감동했다.

초나라는 신포서 같은 충신이 있으니 절대 망할 리 없다!

병거 5백 대를 보내 초나라를 구원하라!

현명하신 결정입니다!

신포서가 진나라 군대를 이끌고 귀국하자 흩어졌던 초나라 군사들이 초 소왕 아래에 집결했다. 양국 연합군의 사력을 다한 공격에 마침내 오나라 군대가 궤멸되었다.

열국을 주유한 공자 上

공자의 이름은 구丘로 춘추시대의 위대한 사상가이자 교육가이다. 기원전 499년, 노나라의 권신 계씨가 공자를 사구에 임명하고 정치를 개혁하자 나라가 급속히 부강해졌다. 이에 이웃인 제나라가 두려움을 느껴 공자를 몰아낼 계략을 꾸몄다.

나는 열다섯에 학문에 뜻을 두었다. 서른에 인생관을 세웠고, 마흔에 흔들림이 없었으며, 쉰에 천명을 알았다.

안회*야, 내 나이 이미 지천명을 지났구나.

스승님의 천명은 무엇입니까?

노나라에서 주공의 예악 제도를 회복하고 대동사회**를 건설하면 더할 나위 없겠다!

* 안회顔回
  공자가 가장 아낀 제자로 공자의 가르침을 가장 잘 실천했지만 이른 나이에 죽었다.
** 대동사회大同社會
  큰 도가 행해져 모든 사람이 더불어 잘 사는 이상 사회를 가리킨다.

스승님! 스승님!

자공, 왜 이리 호들갑이냐?

계씨가 제나라에서 보낸 기녀 수십 명을 거두었습니다.

흠!

이런! 계씨가 정치 개혁에 염증을 느껴 향락을 탐하기 시작했구나.

제나라의 행동을 보아하니 노나라의 부국강병을 두려워하는 게 분명합니다.

자로야, 같이 조정에 가 보자.

예!

공구, 마침 잘 오셨소.

계 대부가 오늘 조정에 나오지 않았소.

제나라 미녀에 푹 빠져 있으니 어쩌면 좋겠소?

……

계 대부가 안 올 듯하니 그만 갑시다.

히휴……

우리도 갑시다.

먼저 가시오. 난 계 대부를 만나야겠소.

콩콩콩~

얼씨구!

대인, 공구가 찾아왔습니다.

공구가?

지금 바빠서 시간이 없다고 전해라.

예!

168

바빠서 만나 뵐 시간이 없다고 하십니다.

바빠? 춤 구경하느라 바쁘겠지?

어딜 가시려고요?

계씨를 만나서 따져야겠다!

들어가시면 안 됩니다!

자로야, 멈추어라.

스승님, 음악 소리가 여기까지 들리는데 바쁘다는 게 말이 됩니까?

노나라는 이제 희망이 없습니다!

스승님, 아직도 계씨에게 미련이 있으신 건가요?

제사의 계절이 왔다. 계씨가 예에 따라 나에게 제사 고기를 나눠 주는지 두고 보자.

쏴— 쏴—

아버지, 뭘 보고 계세요?

리야, 계씨의 제사 고기를 기다리고 있다.

이렇게 폭우가 쏟아지는데 계씨가 고기를 보낼까요?

겨우 비 따위에 예를 저버린단 말이냐?

조용한 사람이 화내면 무섭다더니!

아버지……

계씨가 제사 고기를 보내지 않으면 내가 필요 없어졌다는 뜻이니 미련 없이 이곳을 떠나련다.

어디로 가시려고요?

내 정치 이상을 실현할 곳으로 가야지.

자로, 안회들에게 같이 갈 건지 물어 보고 올게요.

그만둬라.

앞길이 창창한 젊은이들을 나랑 같이 떠돌게 하고 싶진 않다.

하지만 ……

뚜~욱

히힝~

히힝~

이랴!

172

공자는 먼저 위나라로 가서 사양에게 거문고 타는 법을 배웠다. 이어서 광 땅을 지나 진쯧나라로 가던 도중 광 사람들이 공자를 원수인 양호로 오인해 곤경에 처하게 되었는데……

양호다! 우리 재물을 빼앗고 밭을 짓밟고선 배짱 좋게 어딜 지나느냐?

양호 타도!

수레에 탄 분은 양호가 아니라 노나라의 공자십니다.

발뺌하지 마라! 모두 길을 막읍시다!

막아라!

누가 덤빌 테냐?

스승님의 털끝 하나도 건드리지 못한다!

저 두 사람을 당해내기 어렵겠어.

저들을 포위해 굶겨 죽이자!

닷새 후

곤궁에 빠져도 인과 예를 잊지 않아야 진짜 군자라 할 수 있다.

스승님, 식량이 다 떨어져서 더는 버티기 어렵습니다.

저들도 지쳤으니 포위를 뚫고 나가세.

그러다가 스승님이 다치시기라도 하면⋯⋯

나?!

174

주나라의 예악 제도는 지금 나만이 알고 있다.

하늘이 예악을 멸하지 않는다면 저들이 나를 어쩌겠느냐?

제게 꼭 붙어서 따라오십시오!

길을 비켜라!

휴, 정말 위험했습니다.

자로, 염구야,
너희들
덕에 살았구나.

당연한 걸요.

무슨 그런
말씀을요.

이제 어디로
가시렵니까?

위나라로
다시 가자.

위왕이라면
어진 정치를
행하도록 설득해
볼 만하다.

저희도 기꺼이
따르겠습니다!

공자는 진나라로 가지 않고
다시 위나라로 돌아갔다.

열국을
주유한 공자 中

위나라로 돌아온 공자는
위 영공靈公을 만났다.

임금께
인사 올립
니다.

절은
필요 없소.

선생은
노나라의 현자니
나라를 어떻게
다스려야 하는지
가르쳐 주시오.

위나라는
땅은 좁은데
인구가 너무 많아
반란의 위험성이
높습니다.

그러니 먼저 백성을 부유하게 하십시오.

부유한 사람이 많아도 다스리기 쉽지 않은데 ······

겸양으로 사람들을 교화하면 나라가 장기간 평안해집니다.

교화라 ······

좋소. 그럼 나라 안에 학당을 세우고 선생이 백성을 교화해 주시오!

한 가지 더 부탁이 있소.

말씀하십시오.

위나라는 소국이라 사방에 강적들로 둘러싸여 있소. 선생이 군사에도 능하다고 하던데 우리 군대를 잘 조련해 주시오.

저는 제사와 예의에 관한 일은 조금 알지만

군사는 잘 모릅니다.

그렇다면 굳이 강요하지 않겠소. 그런데 한 가지 부탁이 더……

몇 개를 말하는 거야.

과인의 아내인 남자南子가 선생을 보고 싶어 하니 꼭 만나 주시오.

위 영공의 부탁으로 공자는 남자를 만나러 가는데……

스승님, 남자를 만나러 가시면 안 됩니다!

음탕하기로 소문난 남자를 만났다간 스승님 명성에 흠이 간다고요.

179

남자는 원래 송나라 공주인데 공자 조와 사통했고,

위 영공에게 시집온 후엔 미자하라는 자와도……

너희들 설마 나를 못 믿는 게냐?

위왕의 청이라 나도 어쩔 수 없다.

잠시 기다리시면 부인이 곧 오실 거예요.

……

딸랑~

부인을
뵙고자 합니다.

절은
됐어요.

제가 시 읽기를
좋아하는데
선생님이 좀
가르쳐 주세요.

'요조숙녀,
군자호구*'가
무슨 뜻인가요?

* 요조숙녀 군자호구窈窕淑女 君子好逑
  곱고 얌전한 아가씨는 군자의 좋은 짝이라는 뜻으로, 『시경』에 나오는 구절이다.

......

군자는 사람을 사랑함에도 예로써 한다는 말입니다.

선생은 예를 좋아하지만 시가 대부분이 남녀의 사랑 노래라 예법에는 전혀 구애받지 않는데요.

시가 속의 사랑은 "정은 깊고 깊지만 삿된 생각은 없다" 라고 형용할 수 있습니다.

삿된 생각? 저를 두고 하는 말씀인가요?

제가 어찌 감히.

제 소문이 좋지 않아 저를 만나면 선생의 명성에도 손상이 가겠죠.

하지만 선생의 진짜 고민거리를 전 알아요.

나이는 드는데 선생의 도가 행해지지 않을까 두려우신 거죠?

제가 도와 드리죠.

위나라에 남아 저와 함께 나라를 다스리는 건 어떠세요?

심히 불편합니다.

뭐가 말이죠?

음……

덕을 좋아하면서도 색을 밝히는 이를 만난 적이 없어서요.

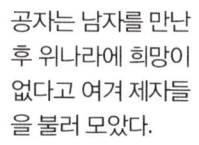

공자는 남자를 만난 후 위나라에 희망이 없다고 여겨 제자들을 불러 모았다.

다들 모여라. 이제 위나라를 떠날 때가 됐다.

왜요?

위왕의 권력이 부인만 못해 장차 대란이 일어날 것이다.

예. 바로 짐을 챙기겠습니다.

다 다 다

와~

스승님, 앞에
전투가 벌어져
지나갈 수가
없습니다!

쉿! 스승님께서
새로 받아들인
제자들을
가르치는 중이셔.

안회,
지금 목숨이
왔다갔다 하는
판국에 수업이
다 뭐야?

날이 추워진
뒤에야 소나무와
잣나무가

늦게 시든다는
사실을 알 수 있는
법이네.

배우고 때때로 익히면 기쁘지 아니한가. 친구가 멀리서 찾아오면 즐겁지 아니한가……

학이시습지~ 유붕자원방래~

오늘 배운 내용을 곰곰이 잘 생각해 보고, 더욱 중요한 것은 바로 실천이다.

스승님의 가르침 잘 받들겠습니다!

그만 돌아가거라.

수업 끝!

스승님의 이상을 실현하려면 각국 주군에게 유세해야지, 종일 시골 촌뜨기들을 가르치면 무슨 소용입니까?

자로야, 무례하구나!

누구나 차별 없이 가르치는 정신은 땅에 씨앗을 심는 것과 같다.

씨앗이 널리 퍼지면 그중에 결실을 맺는 것이 있는 법이다.

씨앗 이라고요?

186

공자는 열국을 돌아다니며 군주에게 유세하고 백성들을 교화하는 데 열중했다.

다
다
다

자로야, 저기는 어디냐?

저 농부들에게 물어 보고 오겠습니다.

이보게들 앞의 저곳은 어딘가?

누구 십니까?

수레에 계신 분은 노나라 공구시고, 우리는 그분의 제자라네.

공구?

하하, 공구란 이름은 들어 봤소!

안 될 줄 알면서도 기어이 인의예악을 제창한다는 그분!

187

왜 그분을 따라다니며 고생을 사서 하십니까?

이참에 우리랑 같이 농사나 지읍시다!

안 알려 주려면 말 것이지, 웬 쓸데없는 소리가 그리 많아!

하하!

스승님, 방금 들은 헛소리는 마음에 두지 마십시오!

괜찮다. 다른 데 가서 물어 보자.

덜컹

덜컹

열국을 주유한 공자 下

공자는 진陳·채·조·초·위나라들을 찾아가 자신의 학설을 주장했으나 군주들은 별다른 반응을 보이지 않았다. 기원전 489년, 공자 일행은 진나라와 채나라 사이에서 식량이 바닥나고 말았는데……

양국이 전쟁 중이라 지금 오도가도 못하는 신세가 됐습니다.

걱정해도 소용없으니 노래나 부르자.

사슴 타령 이라니……

우우 하고 우는 사슴, 들에서 부평초를 뜯네……

189

에잇!

왜 그래?

스승님이 가르치신 군자가 이런 곤경에 빠진다는 게 말이 됩니까?

벌~떡

자로야, 곤궁에 처했을 때 군자는 전혀 동요하지 않지만 소인은 제멋대로 구는 법이다.

제 의문에는 아직 답하지 않으셨습니다. 소인은 뜻을 이루는데 왜 군자는 곤궁에 빠집니까?

그리 생각하느냐?

우리의 지혜가 부족해서 남들이 우릴 믿지 않는 건 아닐까요?

어허!

그렇지 않다.
관용방, 비간은
지혜로웠지만 걸왕,
주왕에게 죽임을
당했다.

자공아,
네 생각을
말해 보렴.

스승님의 이상이
너무 거대하여
실행하기 어려우니
이상을 조금 낮추면
어떨까요?

안회야,
너도 그리
생각하느냐?

스승님의
이상이 너무 커서
실행하기는
어렵지만
……

설사 실행되지
않는다 해도 무슨
상관이겠습니까?

191

우리가 인의예악(仁義禮樂)을 공부하지 않으면 우리의 치욕이요, 통치자가 이를 시행하지 않으면 통치자의 치욕입니다.

안회의 말이 맞다. 다들 알아들었느냐?

우리는 스스로의 이상을 양심에 부끄러움이 없을 때까지 실천하고, 남에게 군이 이해를 강요할 필요가 없다는 말입니다!

세상이 혼란해진 뒤에야 군자의 본모습이 드러난다는 뜻이군요.

하지만 식량이 다 떨어지자 제자들이 하나둘씩 달아나기 시작했다.

너희들은 왜 아직도 여기 남아 있느냐?

192

스승님, 자공이 어젯밤 사라졌습니다.

뭐?

너무 힘들어서 혼자만 살겠다고 도망친 거 아냐?

군사들이 쫙 깔렸는데 도망칠 수 있을까?

자공은 절대 그럴 사람이 아니야.

나도 자공을 믿는다. 모든 건 천명에 맡기자.

아무리 궁핍해도 군자는 지조를 지켜야 한다.

자로야, 너는 식사량도 많은데 요 며칠간 배를 곯아서 많이 힘들겠구나.

스승님!

제 걱정은 마세요. 스승님 몸이 훨씬 쇠약해지셨어요.

산에서 무를 캐서 탕을 끓였으니 드셔 보세요.

아, 맛 좋다.

자로야, 마셔라.

스승님께선 거의 드시지 않으셨잖아요?

먼저 마시면 먹겠다.

스승님
……

후루룩
후루룩

이제 스승님이 드세요.

배가 고플 테니 좀 더 마셔라.

스승님이 드시면 저도 먹겠습니다.

그럼 모두 한 모금씩 마시고 몸을 덥히자.

예.

설마 여기서
굶어 죽진
않겠죠?

그런 소리
말게.

스르룩—

무슨
소리지?

스승님,
얘들아,
저 왔어요!

자공이?

바깥으로 통하는 지름길을 찾아서 빠져나갈 수 있는지 확인하고 왔어요.

나간 김에 쌀도 사 왔고요.

그렇지! 죽으란 법은 없어.

네가 우릴 모두 살렸다.

아닙니다.

자공의 안내로 공자 일행은 산에서 내려와 초나라로 향했다.

빨리 도망가자. 초나라가 쳐들어온다.

곳곳이 전쟁터라 안전한 곳이 없군요.

여기서 잠시 쉬었다 가시죠.

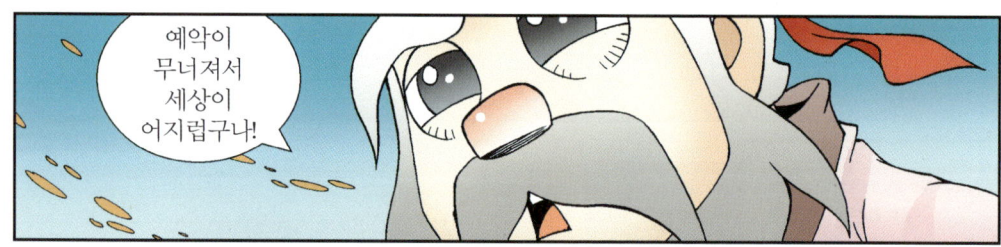

예악이 무너져서 세상이 어지럽구나!

당신이 공자요?

Hey~

그렇소.

드디어 찾았군. 남문 쪽에 몰골이 상갓집 개 꼴인 사람이 있다더니, 당신이구려

상갓집 개?

하하, 꼭 맞는 비유로다. 내가 바로 그 상갓집 개요.

난 계 대부가 보낸 사람이오. 노나라가 제나라의 공격을 받아 위험하니 염구를 데려오랍니다.

나를?!

노나라가?!

염 선생은 공자의 대제자에 군사에도 밝으니 노나라를 구해 주시오.

영광이지?

흥! 애초에 쫓아낼 땐 언제고 위기에 빠지니 그제서야 생각났군. 절대 염구를 못 보낸다!

뭐라고 해도 노나라는 내 조국이다. 조국이 위험한데 돕지 않을 수 있겠느냐!

하지만……

염구야, 얼른 가 보거라.

스승님 ……

기원전 484년, 열국을 주유한 공자는 14년 만에 노나라로 돌아왔다. 이때 그의 나이 68세였으며, 공자는 남은 힘을 다해『시』,『서』,『예』,『역』,『춘추』를 정리하고 편찬했다.

꼭 스승님을 모시러 오겠습니다.

그래, 그래 ……

효성으로
이름을 떨친
효자 증삼

증삼(曾參)은 중국 고대의 유명한 효자로 어려서부터 효성이 지극했다. 증삼과 그의 부친인 증석(曾晳)은 모두 공자의 제자였다.

아버지, 김매는 걸 도와 드릴게요.

증삼아, 할 수 있겠니?

배워서 아버질 돕고 싶어요.

정말 착하구나! 하하.

툭ㅡ

저런!

뭐하는 게냐?
잡초를 뽑아야지.
언제 묘를
부러뜨리랬어!

탁!

아얏!

얘야, 괜찮니?
아빠가 너무
세게 때렸구나.

아뇨, 전
괜찮아요.

세게 맞았는데
울지도 않네.
혹시 맞아서 바보가
된 것 아냐?

전에 잘못해서
맞을 땐 많이
아팠는데 지금은
하나도 아프지
않아.

나이 드셔서
건강이 안
좋아지셨나?

아버지,
몇 대만 더
때려 주세요.

헛소리 말고
어서 집에 가자.

역시
너무 세게
때렸나?

202

아버지가 밖에 계시네. 내가 걱정돼서 오신 게 분명해.

딩가딩가~

노랫소리가 들리는 걸 보니 별일 없구나.

이제 마음 놓으셨겠지?

증석은 공자를 찾아가 아들 증삼과 있었던 일을 이야기했다.

증삼이 큰 불효를 저질렀으니 다시는 집에 들이지 마라!

네?!

증삼은 잘못이 없는 것 같은데 왜 역정을 내십니까?

순임금 애기를 모르느냐?

순의 부친이 작은 매로 때리면 순은 참고 맞았지만

큰 매를 들면 도망쳤다. 그래서 부친은 아비의 도를 잃지 않았고 순은 효를 행했다.

증삼은 도망가지 않았으니 너를 불의에 빠뜨린 것이다!

그가 맞아 죽었다면 너는 천륜을 저버린 범죄자가 된다. 이것이 어찌 큰 불효가 아니겠는가!

공자의 말이 백번 옳다.

제가 큰 잘못을 저질렀네요. 효를 행하는 데도 방법이 필요하군요.

제가 직접 공자를 찾아뵙고 감사의 뜻을 표해야겠어요.

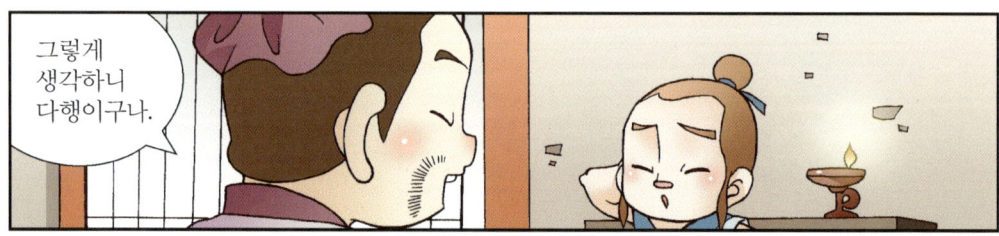

그렇게 생각하니 다행이구나.

증삼은 훗날 공자의 제자가 되어 함께 초나라로 갔다.

먼 길을 떠나는 건 처음이지?

예, 견문을 많이 넓혀야겠어요.

아! 가슴이 답답합니다.

왜 그러느냐?

한 번도 집을 비운 적이 없는데, 어머니가 절 찾으시면 어쩌죠?

스승님, 죄송하지만 당장 집으로 가서 어머니를 보살펴야겠습니다.

효성이 지극하구나. 얼른 가 보거라.

짹 짹

어머니!

어? 왜 벌써 돌아온 거니?

207

갑자기 가슴이 답답한 것이 어머니가 생각나서요.

스승님께 양해를 구하고 달려왔어요. 아무 일 없으시죠?

앞으로 다시는 어머니 곁을 떠나지 않을게요.

그럼. 다만 네 생각이 간절해 실수로 손가락을 깨물었단다.

아들아!

증삼이 성인이 돼 예절이 바르다는 소문이 퍼지자 많은 나라에서 그를 관리로 등용하려 했다.

제나라 군주께서 선생의 명성을 듣고 벼슬을 내리고자 합니다.

마음만 감사히 받겠습니다.

왜죠?!

벼슬을 하는 게
시골 농부로
사는 것보다 훨씬
낫지 않습니까!

혹시 다른
나라로 가시는
건가요?

아니오.
부모님을 곁에서
오래 모시고
싶을 뿐이오.

듣던 대로 진정한
효자시군요. 그럼
더는 강요하지
않겠습니다.

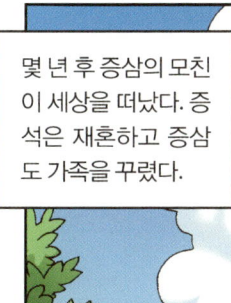

몇 년 후 증삼의 모친
이 세상을 떠났다. 증
석은 재혼하고 증삼
도 가족을 꾸렸다.

부인, 음식이
정말 맛있구려.

어서
드셔요.

이건 제가
처음으로 만든
생선 요리예요.

튀튀!

갑자기 왜 그러세요?

어머니가 생전 한 번도 드시지 못한 생선 요리를 혼자 먹을 수 없으니 다신 내오지 마시오!

여보 ......

흥! 내가 계모라고 학대하는 게냐? 익지도 않은 밥을 먹으라고 줘!

어머니 ......

어머니를 줄곧 친어머니처럼 모셨는데 학대라니요?!

그럼 새아가에게 이게 뭔지 물어 봐라!

정말
밥이 안 익었네
……

어머니에게
익지도 않은
밥을 드리다니.
당장 이 집에서
나가시오!

오해세요!

제가 몸이
안 좋아서 밥이
설익은 걸 깜빡했던
것뿐이에요!

변명 마시오.
우리 집에
당신 같은 며느리는
필요 없소!

애야,
뭘 그렇게
까지……

여보
……

몇 년 후 증삼의 부친도 병으로 세상을 떠났다.

애야, 뭐라도 좀 먹어야지.

저는 괜찮습니다.

며칠째 아무것도 안 먹어서 몸이 상할까 걱정이다.

다시는 아버지를 뵙지 못한다고 생각하니 음식이 넘어가지 않습니다.

아버지!

이후 증삼은 상례와 관련된 글을 읽을 때마다 눈물로 옷깃을 적셨고, 그의 효행은 공자의 큰 칭찬을 받았다. 이로 인해 증삼은 중국 역사상 유명한 효자로 이름을 날렸다.

부차의 대변을
맛본 구천

춘추 말기에 국경을 마주한 오·월 양국은 항상 으르렁대며 싸웠다.

기원전 496년, 월왕 윤상이 세상을 떠나고 구천이 즉위하자 오왕 합려가 이 틈에 월나라를 공격했다.

구천이 매우 교활하다 하니 조심하는 게 좋겠습니다.

오자서는 너무 걱정이 많아.

흥! 애송이 하나쯤 뭐가 두렵겠소?

어? 앞에 저것은 뭔가?

음.

우리는 월나라 죄수요. 월왕을 대신해 대왕께 죄를 청합니다.

우리의 죽음으로 백성들이 고통을 면하길 바라오!

앞에 월나라 죄수들이 자살한다!

나도 볼래!

하하, 나도 보여!

시끄럽다. 진형을 잘 유지하라!

너무 긴장하지 마시오. 상황을 보아하니 구천이 항복하려는 게 분명하오.

오군의 진형이 단번에 무너졌다. 합려도 별것 아니구나.

이제 이 구천의 무서움을 맛볼 차례다!

으악!

대왕!

오군 진영

일개 애송이에게
대패할 줄
꿈에도 몰랐구나!
콜록 콜록

아버지!

부차야, 반드시
월나라를 멸해
애비의 원수를
갚아다오!

명심
하겠습니다!

오자서,
내가 죽은 후에도
부차를 잘 보좌해
주시오.

염려 마십시오.

이제
마음 놓고
눈을 감을
······

아버지!
엉엉
......

합려가 죽은 후 왕위를 이은
부차는 군사훈련을 강화하
고 복수할 기회를 노렸다.

어쭈,
감히 졸아!

아버지의
복수를
잊으셨습니까?

난 한시도
잊은 적이
없소!

월나라

범려*, 부차가 복수를 꿈꾸며 밤낮으로 군사훈련에 매진한다던데.

대왕은 어쩔 생각이십니까?

선공을 가해서 복수의 화근을 철저히 짓밟을 것이오!

아무 이유 없이 오나라를 공격했다가 사람들이 따르지 않을까 염려됩니다.

이미 결정된 일이니 더는 왈가왈부하지 마시오.

나참, 말은 왜 시켜 그럼!

구천은 범려의 충고를 무시하고 오나라를 공격했다가 부차에게 역습을 당해 회계에서 포위당했다.

* 범려范蠡
월나라의 재상. 오나라를 멸망시키는 데 큰 공을 세웠다. 이후 월나라를 떠나 제나라로 가 벼슬했다.

오나라

* 문종文種
월나라 부흥에 큰 공을 세웠지만 구천에게 토사구팽 당했다.

뭐…뭐? 부차가 거절했다고?

내 처자식을 죽이고 보물을 훼손한 다음 끝장을 보겠다!

흥분하지 마십시오!

워~ 워~

아직 막다른 길에 이른 것은 아닙니다.

오나라 태재 백비가 매우 탐욕스러우니 뇌물로 그를 매수하여 부차에게 잘 말해 달라고 하십시오.

마지막으로 그 방법을 써 봅시다.

뇌물을 받은 백비가 구천에 대해 좋게 말하자 부차는 오자서의 간언을 듣지 않았다. 월나라를 점령하지 않고 구천을 살려 두어 노비로 삼았을 뿐이다.

과인이 사냥을 나가는데 마차를 끌어라.

해도 너무하는군.

안 돼, 꾹 참자. 부차의 신임을 얻어야 월나라로 하루빨리 돌아갈 수 있어.

신 구천이 말을 곧 대령하겠습니다.

그럼, 그래야지.

2년 후 부차가 심한 병에 걸려 앓아누웠다.

대왕이 병이 깊은지 요즘 화를 자주 내셔.

맞다. 의관을 사형시킨다던데 빨리 가서 구경하자.

그래, 지금이 부차의 신임을 얻을 좋은 기회야!

222

뭐?! 내 대변 맛을 보겠다고?

환청 아니지?

절호의 기회다. 참아야 해!

예전에 명의에게 의술을 배운 적이 있습니다. 대변 맛을 보면 대왕의 병세를 금방 알 수 있습니다.

맙소사, 진짜로 하다니!

윽……

대변 맛을 보니 병세가 곧 완쾌되실 겁니다. 축하드립니다!

정말이냐?

제 입에 변 냄새가 남아 있으니 가까이 오지 마십시오.

과연 자식이라도 이렇게 효성스러울까?

그대의 충심을 이제야 깨달았소. 이런 그대를 어찌 믿지 못한단 말이오?

구천은 2년간의 굴욕적인 노비 생활 끝에 마침내 부차의 신임을 얻어 월나라로 돌아왔다.

월나라로 돌아가도 좋소.

감사합니다, 대왕!

와신상담 끝에
복수에 성공하다

와신상담臥薪嘗膽
땔나무 위에 누워 자고 쓰디쓴 쓸개를 핥는다는 뜻으로,
원수를 갚기 위해 온갖 괴로움을 참고 견디는 것을 이른다.

구천은 복수심을 품고 고국으로 돌아와 부국강병에 온 힘을 기울였다. 직접 밭을 갈며 생산을 격려하고 밤낮으로 군사를 조련해 설욕할 날만을 기다렸다.

종일 고되게 일하셨으니 이제 좀 쉬십시오.

오나라에서 당한 치욕만 생각하면 한시도 게으름을 피울 수 없소.

대왕은 직접 농사짓고 왕후는 베를 짜니 모두가 한마음이 되었습니다.

오나라를 이기려면 더욱 강한 나라로 만들어야 하오!

귀국한 지도 벌써 7년이나 지났는데 이제 편한 거처로 옮기십시오.

제대로 앉을 수나 있나?…

그때 경솔하게 오나라를 공격했다가 큰 치욕을 당했소. 와신상담하는 것은 오나라에서

노비가 된 치욕을 잊지 않기 위해서요.

탕!

그러니 더 이상 날 말리지 마시오.

땔나무

이런 군주라면 오나라를 이기는 건 물론 패자의 위치에도 오를 수 있겠어.

군주가 사치하고 음탕하면 나라가 망하는 법이니 부차에게 미녀를 선물하십시오.

그거 좋은 방법이구려.

그런데 절세미인을 어디서 찾나?

하하! 당장 그녀들을 부차에게 보내 넋을 빼놓도록 하라!

명령만 내리시면 서시*와 정단이라는 미녀를 바로 오나라로 보내겠습니다.

부차는 서시와 정단의 미색에 푹 빠져 방탕한 생활을 일삼았다.

오자서, 또 무슨 일이오?

* 서시西施
월나라의 미녀. 중국 4대 미녀 중 한 명으로 부차에게 접근해 오나라를 멸망으로 이끌었다.

제 경공이 죽고 대신들이 득세하여 새 군주의 세력이 약하다고 합니다.

그럼 이 기회에 제나라를 멸하고 오나라의 위용을 드날립시다!

구천이 귀국 후 와신상담하며 복수의 칼을 갈고 있습니다. 월나라야말로 요주의 대상입니다.

구천이 노비로 있을 때 나를 극도로 공경하고 내 대변까지 맛봤는데 무슨 소리요?

제나라를 공격하기로 결정했으니 그만 떠드시오!

쳇, 흥 떨어졌어.

하지만 ......

......

부차는 군사를 이끌고 애릉에서 제나라 군대를 격파했다. 이후 부차는 더욱 거만해져 다시는 오자서의 간언을 듣지 않았다.

백비, 대왕이 정말 제정신이 아니오.

어허, 말이 너무 심하잖소?

진짜 우환거리는 월나라인데 제나라를 이긴 게 무슨 대수요?

구천은 이미 대왕을 깊이 따르는데 뭐가 걱정이오?

제길! 너희들의 이런 생각이 오나라를 망치고 말 거다!

쳇, 그깟 공 좀 세웠다고 말을 함부로 해? 두고 보자!

당신……

오자서에게 모욕을 당한 백비는 이를 바득 갈며 그를 모해할 기회를 노렸다.

대왕, 오자서를 조심하십시오.

어? 그게 무슨 말이지?

오자서는 전에 초나라에서 도망친다고

아버지와 형조차 방치했는데 지금 대왕을 돌볼 리 있겠습니까?

엥?

230

지난번 제나라 공격 때도 대왕의 승리를 쓸모없는 공이라고 폄하했습니다. 혹시 모를 그의 반란에 항시 대비하십시오.

오자서 같은 충직한 신하가 반란이라니?

절대 방심해선 안 됩니다.

어쨌든 오자서가 말이 너무 많아 귀찮았는데 제나라에 사신으로 보내도록 하지.

예!

쳇! 대왕이 그를 이토록 신임하다니. 좀 더 강하게 나가야겠어.

오자서가 제나라로 갔을 때 자기 아들을 제나라의 포씨에게 맡겼다. 백비는 이를 빌미로 오자서가 제나라에 빌붙었다고 모함했다.

네가 감히 나를 배반하느냐!

231

대왕, 그게 무슨······

변명은 필요 없다.

전에 세운 공이 있으니 이 속루검으로 자결하라!

휙!

하하!

나는 네 아버지에 이어 너를 보좌했다.

오나라 절반을 떼어주는 걸 받지 않았더니 결국 참소를 믿고 나를 죽이느냐!

내가 죽으면 내 두 눈을 성문에 걸어 놓아라. 구천이 오나라를 멸하는 광경을 똑똑히 지켜보리라!

부차가 오자서를 죽였으니 당장 오나라를 공격합시다.

야호!

오자서가 죽었다 하나 오나라는 여전히 강합니다. 아직은 때가 아닙니다.

그런가요?

좀 더 인내심을 가지고 기다립시다.

복수를 위해 그것쯤 못 기다리겠소?

기원전 482년, 부차가 황지에서 제후들과 맹약을 맺느라 나라를 비웠다. 구천은 이 틈을 타 오나라를 공격하고 오나라 태자를 죽였다.

뭐…뭐라? 태자가 죽었다고?

제후들이 이 일을 알면 분명 분란이 일텐데……

구천에게 사람을 보내 화친을 청하라!

예!

이 일을 발설하는 자는 누구든 목을 베겠다!

기원전 473년, 구천이 다시 오나라를 공격했다. 오나라는 제·진晉나라와 교전하면서 대량의 병력을 소모하는 바람에 구천에게 대패하고 고소성에서 3년간 포위를 당했다.

부차가 사신을 보냈습니다.

전에 오왕이 대왕에게 살 길을 열어준 정을 봐서라도 죄를 용서해 주십시오!

그럼 ……

절대로 부차를 놓아주어선 안 됩니다!

22년간 준비한 복수를 하루아침에 무너뜨릴 작정입니까?

오나라의 노비가 됐던 치욕을 잊었습니까?

오왕은 용동으로 가서 민가 1백 호를 거느리며 거주하라.

감사합니다.

그 일을 어찌 잊겠소? 다만 사신의 모습을 보자 차마 거절하기 어려웠던 것뿐이오.

대를 이어 치른 오월 전쟁은 기원전 473년 부차가 자살하면서 끝을 맺었다. 오나라를 멸망시킨 구천은 제후들을 모아 중원의 패자가 되었다.

다음 권에 계속됩니다…